Kurt Marti · Gottesbefragungen

T V Z

Kurt Marti

Gottesbefragungen

Ausgewählte Predigten

Herausgegeben von Andreas Mauz und Ralph Kunz

Theologischer Verlag Zürich

Gedruckt mit freundlicher Unterstützung des Evangelisch-reformierten Pfarrvereins Bern-Jura-Solothurn, des Evangelisch-reformierten Pfarrvereins Zürich, der Römisch-Katholische Zentralkonferenz der Schweiz (RKZ), der Herbert Haag Stiftung für Freiheit in der Kirche, der Abteilung Homiletik, Liturgik und Kirchentheorie (Prof. David Plüss) der Theologischen Fakultät der Universität Bern, der Reformierten Kirchen Bern-Jura-Solothurn und der Evangelisch-reformierten Landeskirche des Kantons Zürich.

Der Theologische Verlag Zürich wird vom Bundesamt für Kultur mit einem Strukturbeitrag für die Jahre 2019–2020 unterstützt.

Bibliografische Information der Deutschen Nationalbibliothek
Die Deutsche Nationalbibliothek verzeichnet diese Publikation in der Deutschen Nationalbibliografie; detaillierte bibliografische Daten sind im Internet über http://dnb.dnb.de abrufbar.

Umschlaggestaltung: Simone Ackermann, Zürich
Unter Verwendung eines Typoskripts von Kurt Marti

Druck: Rosch-Buch, Schesslitz

2. Auflage
ISBN 978-3-290-18346-2 (Print)
ISBN 978-3-290-18347-9 (E-Book: PDF)

© 2020 Theologischer Verlag Zürich
www.tvz-verlag.ch

Alle Rechte, auch die des auszugsweisen Nachdrucks, der fotografischen und audiovisuellen Wiedergabe, der elektronischen Erfassung sowie der Übersetzung, bleiben vorbehalten.

Inhalt

Die Erschaffung der Zeit (Erster Schöpfungstag)   9
(1. Mose 1,1–5)

Menschen und Tiere (Sechster Schöpfungstag, I)   14
(1. Mose 1,24–27)

Verantwortung, nicht Raubbau (Sechster Schöpfungstag, II)   19
(1. Mose 1,24–27)

Auch ohne Gott mit Gott   25
(2. Mose 2,1–10)

Der Name Gottes   29
(2. Mose 3,11–15)

Prophetie und Kirche   40
(2. Mose 4,1–17)

Gott geht mit   44
(2. Mose 13,17–14,30)

Friede als vielfältige Lebensfülle   52
(1. Könige 5,4.5)

Meine Augen sehen stets auf den Herrn   58
(Psalm 25,15)

Geborgenheit bei Gott   63
(Psalm 91,4/5)

Wissen und Schmerz 68
(Prediger 1,18)

Solidarität 73
(Markus 1,9–13)

Der alles gut macht 79
(Markus 7,31–37)

Passion als Aktion 85
(Markus 8,27–33)

Wo das Dienen herrscht 90
(Markus 10,35–45)

Auferstehung 96
(Markus 12,18–27)

Schreckbild und Vorbild 102
(Markus 12,38–44)

Eine schöne Tat 108
(Markus 14,1–11)

Das Abendmahl 113
(Markus 14,17–25)

Einsames Wagnis 119
(Markus 15,42–47)

Ein Haus des Brotes 123
(Lukas 2,6)

Das ewige Leben 127
(Lukas 10,25)

Zwischen Tod und Geburt 131
(Römer 8,19–22)

Der letzte Feind 136
(1. Korinther 15,26 und 28)

Ehe (1) 142
(Epheser 5,21–33)

Ehe (2) 147
(Epheser 5,21–33)

Jesuanisches Lebensprofil 153
(1. Johannes 2,3–6)

Das subversive Werk 159
(1. Johannes 3,7–10)

Ausserhalb der Liebe kein Heil 164
(1. Johannes 4,7–8)

Auferstehungsökologie 168
(1. Johannes 5,11–13)

Der Gott, der in allen mächtig werden will 173
(Offenbarung Johannes 21,22)

Wie entsteht eine Predigt? Wie entsteht ein Gedicht? 176
Ein Vergleich mit dem Versuch einer Nutzanwendung

Gottes- und Geistesgegenwart 195
Ein Nachwort

Editorische Hinweise und Dank 208
Bibliografie und Drucknachweise 210

Die Erschaffung der Zeit
Erster Schöpfungstag

Im Anfang schuf Gott den Himmel und die Erde.
Die Erde war aber wüst und öde und Finsternis lag auf der Urflut,
und Gotteswind (Westermann sogar: Gottessturm) bewegte die Wasser
Und Gott sprach: Es werde Licht!
Und es ward Licht.
Und Gott sah, dass das Licht gut war.
Und Gott schied das Licht von der Finsternis.
Und Gott nannte das Licht Tag, und die Finsternis nannte er Nacht.
Und es ward Abend und ward Morgen: ein erster Tag.
1. Mose 1,1–5

Während die biblischen Texte und Geschichten im Alten Testament sonst vom Volk Israel, im Neuen Testament von Jesus und dem neuen Gottesvolk handeln, geht es hier, zu Beginn der Bibel, um den Bestand der Schöpfung und der Menschheit. Im Vordergrund steht dabei nicht die Frage, wie die Welt entstanden sei. Diese Frage wird nicht verboten, ihr darf nachgegangen werden, Forschung und Wissenschaft haben das auch getan, sind schliesslich zur Vorstellung einer sehr langen Evolution gekommen, an deren Ursprung der sogenannte Urknall stehen soll.

Nur eben: Die alten Schöpfungsmythen sind weniger aus der Frage nach dem Wie von Ursprung und Entwicklung hervorgewachsen. Sie sind entstanden aus der Sorge um die Sicherung des Seienden. Deswegen hatten diese Schöpfungserzählungen eine bestimmte Stellung im Leben der Gemeinschaft. Man erzählte sie einander oft in Krisenmomenten des individuellen oder des gemeinschaftlichen Lebens, in Altbabylonien z. B. im Ritual der Geburtshilfe. Nicht an längst vergangene Dinge soll erinnert werden, in den Schöpfungserzählungen geht es um Gegenwart und Zukunft – eben: um die Sicherung des Daseins im Einzelnen und im Ganzen.

«Im Anfang schuf Gott den Himmel und die Erde.» «Im Anfang»: Wo Anfang ist, kann auch ein Ende kommen. Der Entschluss zur Erschaffung kann zurückgenommen werden. Die Welt ist nicht selbstverständlich, ihre Existenz bleibt gefährdet. Gerade dadurch bleibt sie auf ihren Schöpfer angewiesen.

Man lese nur einmal die ersten elf Kapitel der Bibel durch! Dabei wird man feststellen können, dass es sich von der Schöpfung bis zum Turmbau von Babel um einen einzigen Zusammenhang handelt. Im Mittelpunkt dieser zusammenhängenden Textfolge steht (1. Mose 6–9) die Geschichte von der Sintflut. Unser Schöpfungstext ist von dieser Sintfluterzählung her zu verstehen. Dem «Im Anfang schuf Gott den Himmel und die Erde» wird die Möglichkeit gegenübergestellt, dass der Schöpfer die Schöpfung auch wieder rückgängig machen könnte. Diese Möglichkeit, durch die Sintflut signalisiert, ist auch schon hier, im Schöpfungszeugnis, enthalten, wenn die Welt vor dem Schöpfungshandeln Gottes so beschrieben wird: «Die Erde war aber wüst und öde und Finsternis lag auf der Urflut, und Gotteswind (oder: Gottessturm) bewegte die Wasser.»

Nichts als Wasser, nichts als Finsternis! Kein «Nichts» aber, auch keine «Schöpfung aus dem Nichts». Der Begriff «Nichts» war unbekannt. Er ist, zusammen mit der Zahl Null, erst im Mittelalter aus Indien westwärts gekommen durch die Vermittlung der Araber. Für die alten Hebräer hat dieser Begriff noch nicht existiert. Aber auch wir können uns unter «Nichts« immer nur «Etwas» vorstellen. So auch unser Text: Wasser, Finsternis, Wind und Sturm, absolut grässlich, absolut lebensfeindlich, das Chaos! Damit wird signalisiert: Wenn es Gott mit uns verleidet, kann die Erde auch wieder in dieses finstere Wasserchaos versinken.

Fast zufällig deckt diese alte Vorstellung sich mit der heutigen Annahme, dass auf der Erde alles Leben aus dem Wasser, d. h. aus dem Meer, entstanden ist und eines Tages auch wieder dahin zurückkehren könnte.

So oder so: Wer «Schöpfung» sagt, sagt damit auch mögliches «Nicht-Sein». Beides gehört zusammen und vergegenwärtigt, dass nichts selbstverständlich, nichts gesichert ist. Darum eben werden die Schöpfungsmythen erzählt, aus Sorge um den Bestand dessen, was ist, in anbetender Zuwendung zum Schöpfer. Im Grunde sind die Schöpfungserzählungen Gebete für den Fortbestand des Lebens der Welt. Heute ist das erst recht nötig geworden. Man kann sagen: leider. Man kann auch sagen: zum Glück. Das Bewusstsein unserer Ungesichertheit, unserer Bedrohtheit kann neue Einsichten, neue Möglichkeiten freisetzen.

«Und Gott sprach: Es werde Licht!
Und es ward Licht.
Und Gott sah, dass das Licht gut war.
Und Gott schied das Licht von der Finsternis.
Und Gott nannte das Licht Tag, und die Finsternis nannte er Nacht.
Und es ward Abend und ward Morgen: ein erster Tag.»

Aufmerksame Bibelleser haben einen Widerspruch festgestellt. Die Scheidung von Licht und Finsternis erfolgt vor der Erschaffung von Sonne, Mond und Gestirnen. Aber das hängt damit zusammen, dass alle Schöpfungserzählungen anschaulich erzählen, ohne Verwendung abstrakter Begriffe. Was hier als erste Schöpfungstat Gottes beschrieben wird – die Scheidung von Urfinsternis und Licht, die Schaffung des Rhythmus von Tag und Nacht –, würden wir heute wohl mit dem viel weniger anschaulichen, viel abstrakteren Satz ausdrücken: «Gott hat als erstes die Zeit geschaffen.» Als zweites folgt danach die Erschaffung des Raums, des räumlichen Lebens.

Auffälligerweise steht das wiederum in Übereinstimmung mit Einsichten der neuesten Physik, die annimmt, dass die

Schaffung der Zeit der Erschaffung alles anderen vorausging. Es sei anzunehmen, formuliert ein bekannter Physiker (C. F. von Weizsäcker, 1962), «dass der Begriff der Zeit [...] der grundlegendste ist».

Genau das will unser Text in seiner anschaulichen Erzählweise ausdrücken: Alles ist Zeit, auch wir Menschen. Zeit ist die Grundgegebenheit der Schöpfung. Darum unterwirft unser Erzähler von jetzt an auch das Schöpfungshandeln Gottes dem zeitlichen Ablauf eines Sechstagewerkes.

Die neuere Erkenntnis, dass die Entstehung der Welt ein zeitlicher Entwicklungsprozess gewesen ist, nicht bloss über Tage, sondern über Jahrmillionen hinweg, ist in diesem uralten Erzählkonzept ansatzweise bereits enthalten. Es ist strukturiert durch die Schaffung der Zeit am ersten Tag und durch das Ruhen Gottes am siebenten Tag. Damit ist die Zeit als Rahmen gesetzt, in dem alles abläuft, in dem sich alles entfaltet und entwickelt. Zeit ist alles, Zeit ist das Grundlegende auch für uns Menschen.

Darum stellt das alttestamentliche Predigerbuch fest: «Alles hat seine bestimmte Stunde, jedes Ding unter dem Himmel hat seine Zeit. Geboren werden hat seine Zeit und Sterben hat seine Zeit.» (Prediger 3,1.2) Wer insgeheim glaubt – ein bisschen glauben wir's ja alle! –, dass er ewig werde leben können, erliegt der Illusion, er könne sich dem Grundgesetz der Schöpfung, er könne sich dem Willen des Schöpfers entziehen.

Wer sich dagegen grämt oder sogar ängstet, weil er der Zeit unterworfen ist, weil der Zahn der Zeit auch an ihm nagt, für den kann die Einsicht tröstlich werden, dass Zeit die erste Schöpfungstat Gottes, also Gottes tiefster Wille und deshalb auch gut ist. Die Zeit verwundet, aber sie heilt Wunden auch wieder.

Die Zeit bedrängt, belastet, doch sie befreit und löst ebenfalls. In der Zeit verbirgt sich die Weisheit, die Gnade des Schöpfers. Wer das glauben lernt, der wird das Zeitliche segnen – nicht erst, aber so Gott will, einst auch im Sterben! Und gerne wird er der Zeit jenen schönen Namen geben, den die Dichterin Elisabeth Langgässer für sie gefunden hat:

«... so viel berauschende Vergänglichkeit.»

(20. Juni 1982)

Menschen und Tiere

Sechster Schöpfungstag I

*Und Gott sprach: Die Erde bringe lebende Wesen hervor,
Vieh, Gewürm und wilde Tiere, je nach ihrer Art.
Und es geschah also.
Und Gott machte die wilden Tiere nach ihrer Art
und das Vieh nach seiner Art und alle Tiere,
die auf dem Boden kriechen, nach ihrer Art.
Und Gott sah, dass es gut war.
Und Gott sprach: Lasset uns Menschen machen
nach unserem Bilde, uns ähnlich!
Die sollen herrschen über die Fische im Meer
und über die Vögel am Himmel und über das Vieh
und über alle wilden Tiere und über alles Gewürm,
das auf Erden sich regt.
Und Gott schuf den Menschen nach seinem Bilde,
nach dem Bilde Gottes schuf er ihn,
als Mann und Frau schuf er sie.*

1. Mose 1,24–27

Mit dem sechsten Schöpfungstag kommen wir zu den bekanntesten, freilich auch umstrittensten Passagen unserer Schöpfungserzählung. Deshalb wollen wir die Gangart etwas verlangsamen und zunächst nur *einen* Aspekt dieser abschliessenden Schöpfungswerke hervorheben: *die Herrschaft der Menschen über die Tiere.*

Wie wir bisher sahen, hat jede Art von Lebewesen ihren eigenen Lebensraum zugewiesen bekommen: die Gestirne den

Himmel, die Wassertiere das Meer, die Vögel den Luftraum. Überschneidungen gab es kaum. Jetzt aber, auf dem festen Land, sieht es anders aus. Hier müssen sich zwei Arten von Lebewesen, nämlich die Landtiere und die Menschen, ein und denselben Lebensraum teilen.

Damit ist die Möglichkeit von Konflikten gegeben.

Dieser Konfliktmöglichkeit setzt der Schöpfer die Fähigkeit entgegen, Konflikte zu regeln. Diese Fähigkeit und Verantwortung für Konfliktregelungen wird den Menschen verliehen. Das macht unsere besondere Stellung aus, unsere Gottebenbildlichkeit.

Doch jetzt der Reihe nach.

«Und Gott sprach: Die Erde bringe lebende Wesen hervor ...»

Wiederum ist die Erde aktive Mitarbeiterin beim Schöpfungswerk: Nicht Gott erschafft die Landtiere, sondern die Erde ist's, die sie im Auftrag Gottes hervorbringen soll. Wahrscheinlich wirkt hier die Vorstellung der Erde als einer Muttergöttin nach.

Jedenfalls wird die Erde nicht als Objekt, nicht bloss als Material betrachtet. Sie ist, auch für die Bibel, doch eher eine Mutter als nur eine Sache, die wir beliebig beherrschen und ausbeuten dürfen. Einer Mutter gebührt Respekt, Rücksicht, Zärtlichkeit, sie ist weder Herrschafts- noch Ausbeutungsobjekt. Folglich haben auch die erdnächsten Geschöpfe, die Tiere, einen Anspruch auf ähnlich liebevollen Respekt.

Dann aber ist's, als wolle der Erzähler klarmachen, dass dennoch nicht eine Muttergöttin Erde, sondern der eine und einzige Gott alles ins Leben ruft. Deshalb heisst's bei der Ausführung des göttlichen Entschlusses dann doch wieder: «Und Gott machte ...»

«Und Gott machte die wilden Tiere nach ihrer Art und das Vieh nach seiner Art und alle Tiere, die auf dem Boden kriechen, nach ihrer Art. Und Gott sah, dass es gut war.»

Doch eben: Ihren Lebensraum, die Erde, teilen die Landtiere mit uns Menschen. Die Regelung der hier möglichen Konflikte wird den Menschen anvertraut:

«Und Gott sprach: Lasset uns Menschen machen nach unserem Bilde, uns ähnlich! Die sollen herrschen über die Fische im Meer und über die Vögel am Himmel und über das Vieh und über alle wilden Tiere und über alles Gewürm, das auf Erden sich regt. Und Gott schuf den Menschen nach seinem Bilde, nach dem Bilde Gottes schuf er ihn, als Mann und Frau schuf er sie.»

Was bedeutet nun aber: «nach dem Bilde Gottes»? Man hat herausgefunden, dass diese Formel aus der Königsideologie des Vorderen Orient stammt. So etwa wurden in Mesopotamien und in Ägypten die Könige als «Ebenbild Gottes» bezeichnet. Ihre Gottebenbildlichkeit meinte konkret: Stellvertretung! Könige galten als Stellvertreter Gottes auf Erden. Hier, in unserer Erzählung, passiert nun plötzlich aber etwas Erstaunliches, Aufregendes: Nicht Könige sollten Gottes Stellvertreter sein, sondern alle Menschen, die Menschheit insgesamt! Die altorientalische Königsideologie wird also aus den Angeln gehoben. Dem Menschen, allen Menschen, werden Rechte zugeschrieben, wie sie bisher nur Könige gehabt hatten! Überraschenderweise entpuppt sich also unsere Schöpfungserzählung als ein frühes, vielleicht das früheste demokratische Manifest! Nicht einzelne Auserwählte oder Begünstigte sind königliche Ebenbilder und Stellvertreter Gottes, sondern *alle* sind es, die Menschheit, die Menschenfamilie insgesamt! Allen werden von Gott die königlichen Rechte und Pflichten der Gottebenbildlichkeit, der Stellvertretung Gottes, zuerkannt! An die Stelle der hierarchischen Stufung von König, Adel, Untertanen tritt die kooperative Gemeinschaft von Mann und Frau: Nach seinem Bilde schuf Gott den Menschen, «als Mann und Frau schuf er sie». Jeder ein König, jede eine Königin! Gesellschaftliche Strukturen, welche Menschen zu Untertanen und Befehlsempfängern degradieren, widersprechen dem Willen des Schöpfers. Dass alle Menschen Ebenbilder Gottes sind, bekräftigt später vollends die Menschwerdung des Wortes Gottes *nicht* im Königssohn einer Haupt- oder Königsstadt, sondern im Sohn eines Zimmermanns im Provinznest Nazareth, von dem die Jerusalemer naserümpfend sagten: «Was kann aus Nazareth schon Gutes kommen?» (Joh 1,46) In Nazareth lebten Leute ohne Rang und Namen, ohne Einfluss und Tradition. Doch genau das ist das Milieu des Gottes, der unsere Freiheit, der die Freiheit aller will!

Zum Königtum, zur Gottebenbildlichkeit gehört Herrschaft. Darum sagt Gott von uns Menschen, von uns allen:

> «Die sollen herrschen über die Fische im Meer und über die Vögel am Himmel und über das Vieh und über alle wilden Tiere und über alles Gewürm, das auf Erden sich regt.»

Hier klingt vielleicht die Erinnerung an jene Frühzeit an, wo Tiere noch Feinde und Konkurrenten des Menschen gewesen sind. Indem er sich zunächst gegen die Tiere wehren und durchsetzen musste, hat sich der Mensch als ihr Herrscher bewiesen.

Wiederum ist das Wort «herrschen» der Vorstellungswelt des altorientalischen Königtums entnommen. Dabei darf man nicht an grausame Despoten denken. Im Alten Testament gewährleistete der gute, gottgefällige König gerechte Verhältnisse. Im Sinne des Ausgleichs, des «schalom», wirkte er vor allem als Richter. Im alten Israel fällte ein Richter selten autoritäre Urteile, er war eher ein Schlichter, ein Schiedsmann, der den streitenden Parteien Urteilsvorschläge machte, die ihnen einleuchten sollten. Man denke an das berühmte salomonische Urteil! (1Kön 3,16–28) Richten ist im Alten Testament nichts anderes als die Wiederherstellung des «schalom», eines friedlichen und befriedigenden Gleichgewichts der Forderungen und Gewährungen.

In dieser Weise des Schalom-Herstellens ist auch die Herrschaft der Menschen über die Tiere zu verstehen. Wo es Konflikte zwischen Menschen und Tieren gibt, weil sie einander in die Quere kommen, soll der Mensch als Schiedsrichter für einen Modus Vivendi sorgen, der das Gleichgewicht des «schalom» wiederum herstellt, ohne dass dabei ganze Tierarten zugrunde gehen.

So wird dem Menschen das «Herrschen» als Verantwortung für die anderen übertragen, für die Tiere in diesem Fall. Herrschen bedeutet nicht Vergewaltigung, nicht Ausrottung. Herrschen ist hier ausdrücklich verknüpft mit der Gottebenbildlichkeit: Gott herrscht über die Welt, doch er vergewaltigt sie nicht, pflegt vielmehr ihr Gleichgewicht, wo alles mit allem zusammenspielt, und er macht dieses Gleichgewicht niemals kaputt. Genau so sollen wir Menschen mit den Tieren, mit der Schöpfung überhaupt, umgehen.

Wir wissen, wie katastrophal diese Verantwortung in ihr Gegenteil pervertiert worden ist, wie katastrophal wir unter den Tieren gewütet haben. Und das geht immer noch weiter. Jetzt beginnt sich da und dort aber Widerstand zu regen. Als Leser der Schöpfungserzählung sind wir aufgerufen, uns diesem Widerstand anzuschliessen. Im Evangelium des Markus gibt es eine wenig beachtete Stelle. Da wird berichtet, nach seiner Taufe durch Johannes den Täufer sei Jesus 40 Tage in der Wüste gewesen und sei vom Satan versucht worden. Wörtlich heisst es dann: «Und er war bei den Tieren, und die Engel dienten ihm.» (Mk 1,13) Das macht nachdenklich. Mit Engeln sind Tiere die Gesellschafter Jesu in seiner Einsamkeit. In einem Atemzug, in einem Satz werden sie nebeneinandergestellt: Tiere, Engel! Sie stören einander nicht, im Gegenteil, sie scheinen gut zueinander zu passen, zwischen ihnen herrscht Friede, Einvernehmen.

Und dann diese Formulierung: «Er [Jesus] war bei den Tieren.» Bevor er aufbrach, um öffentlich zu wirken, war er bei den Tieren! Der Teufel setzt ihm zu, später werden Menschen ihm zusetzen, doch bei den Tieren ist für ihn Zuflucht, ist so etwas wie Heimat, just bei Tieren, die man üblicherweise für gefährlich hält und «wilde» Tiere nennt. So grausam aber wie Menschen ist kein Tier.

«Er war bei den Tieren.»

Von da brach er auf zu uns. So haben wir's in den Tieren, gerade in den Tieren, immer auch mit Ihm zu tun.

(21. November 1982)

Verantwortung, nicht Raubbau
Sechster Schöpfungstag II

Und Gott schuf den Menschen nach seinem Bilde,
nach dem Bilde Gottes schuf er ihn, als Mann und Frau schuf er sie.
Und Gott segnete sie und sprach zu ihnen:
Seid fruchtbar und mehret euch und füllet die Erde
und macht sie euch untertan, und herrschet über
die Fische im Meer und die Vögel des Himmels,
über das Vieh und alle Tiere, die auf Erden sich regen.
Und Gott sprach: Siehe, ich gebe euch alle samentragenden
Pflanzen auf der ganzen Erde
und alle Bäume, an denen samenhaltige Früchte sind.
Sie sollen eure Nahrung sein.
Aber allen Tieren der Erde und allen Vögeln des Himmels und allem,
was sich regt auf der Erde, was Lebensatem in sich hat,
gebe ich alles Kraut und Gras zur Nahrung.
Und es geschah also.
Und Gott sah alles an, was er gemacht hatte,
und siehe, es war sehr gut.
Und es ward Abend und ward Morgen: der sechste Tag.

1. Mose 1,27–31

EIN Mensch ist KEIN Mensch. Das bezeugt auch die andere Schöpfungsgeschichte der Bibel, diejenige nämlich von Adam und Eva. Nach der Erschaffung Adams stellt Gott dort fest: «Es ist *nicht* gut, dass der Mensch allein sei.» (1. Mose 2,18)

Hier, in der jüngeren Schöpfungserzählung (vermutlich aus dem sechsten vorchristlichen Jahrhundert), schafft Gott schon gleich von Anfang an Menschen in der Mehrzahl, einen Mann und eine Frau. Von der Kinderzeit bis zum Greisenalter brauchen wir andere Menschen, um selber Mensch sein zu können. Karl Barth formulierte: «Der Mensch ohne den Mitmenschen ist nicht der Mensch, sondern das Gespenst des Menschen.»

Für diese Wahrheit steht hier das Paar von Mann und Frau, ohne dass man daraus schon eine ganze Ideologie der Ehe und der Zweierbeziehung ableiten darf. Es gibt unzählige Beispiele erfüllten Menschseins ohne Ehe, auch ohne Zweierbeziehung, so wie es unzählige Beispiele gibt für unerfülltes, für unglückliches Menschsein *in* der Ehe, *in* Zweierbeziehungen. Die Palette menschlicher Gemeinschafts- und Beziehungsmöglichkeiten ist mannigfaltig; die Paarbeziehung ist eine dieser Möglichkeiten.

Allerdings: DEN Menschen gibt es nicht. Konkret gibt es Frauen und Männer. Zudem hatten der erste Mann und die erste Frau die Aufgabe, Stammeltern der Menschheit zu werden, entsprechend dem Befehl des Schöpfers: «Seid fruchtbar und mehret euch ...!»

Dieser Befehl erging im Blick auf die noch menschenleere Erde. Dass es heute unsinnig wäre, weiterhin eine uneingeschränkte Fruchtbarkeit zu propagieren, versteht sich von selbst. Gegen Geburtenkontrolle und Familienplanung ist nichts einzuwenden, im Gegenteil. Dennoch sind sie nicht, wie manche meinen, ein Allheilmittel. Die Hauptursache der Bevölkerungsexplosion ist, wie man in der Dritten Welt feststellen kann, die Armut. Je höher der Wohlstand, desto mehr stabilisiert sich eine Bevölkerung. Gerade die Armut aber wächst weiter als Folge eines Weltwirtschaftssystems, das die armen Länder noch ärmer macht, aber auch als Folge der schlechterdings irrsinnigen Summen, die in unproduktive Rüstung gesteckt werden.

In der Sprache unserer Schöpfungserzählung heisst das: Wir haben vergessen, dass wir «nach dem Bilde Gottes» geschaffen sind. «Bild Gottes» ist nicht der für sich selbst lebende Mensch, sondern erst derjenige, der für andere da ist, mit anderen solidarisch wird, so wie eben Mann und Frau für einander da und miteinander solidarisch sind.

Wenn diese Solidarität nicht mehr spielt, so dass die einen immerzu reicher, die andern immerzu ärmer werden, kommt die Welt aus dem Gleichgewicht – auch aus dem Gleichgewicht der Bevölkerungszahl.

Darum hat der Reichste, nämlich Gott, Partei ergriffen für die Armen und ist Mensch geworden im Kind armer Leute, in einem Land der Dritten Welt.

Doch zurück zu unserer Erzählung, wo Gott den ersten Menschen sagt:

> «Seid fruchtbar und mehret euch und füllet die Erde und macht sie euch untertan, und herrschet über die Fische im Meer und die Vögel des Himmels, über das Vieh und alle Tiere, die auf der Erde sich regen.»

Da stehen sie nun also, diese verhängnisvoll gewordenen Worte: «Machet euch die Erde untertan!»

Aus dem Zusammenhang ergibt sich aber: An eine schrankenlose Verfügungsgewalt der Menschen über die Schöpfung ist nicht gedacht. Das ist erst viel später in diesen Satz hineingetragen worden, z. B. auf Grund des römischen Rechts, für welches die Natur eine Sache ist, nicht etwas Lebendiges. Über eine Sache kann man verfügen. Die Römer und ihr bis heute nachwirkendes Recht haben deshalb das private Eigentumsrecht an der lebendigen Erde, an Grund und Boden, zu einem obersten Prinzip gemacht – eine Auffassung, die fast allen Völkern ursprünglich fremd war. Auch im alten Israel gehörten Grund und Boden Gott und waren nicht ein beliebig verfügbares, beliebig käufliches oder verkäufliches Eigentum, keine Sachen also.

Vollends verhängnisvoll war, dass in der Zeit der Weltentdeckung und Weltbemächtigung durch die Europäer der Philosoph Descartes alles Nicht-Menschliche zu toten Dingen degradierte: «Ich denke, also bin ich», hat Descartes bekanntlich gesagt. Da er in der Natur und bei den Tieren kein solches Denken glaubte feststellen zu können, hat er alle aussermenschlichen Wesen und die Natur insgesamt für seelenlos, für leblos gehalten. Tiere z. B. waren für ihn Maschinen ohne Seele. Bald haben europäische Eroberer andersfarbige Menschen anderer Kontinente ebenfalls für Tiere, für seelenlose Wesen gehalten, die man zähmen muss und ausbeuten darf.

Ich vereinfache, ich weiss. Der Weg, der zur Verdinglichung der Natur und zur blinden Verfügungswillkür des weissen Mannes über die Welt geführt hat, war lang. Sein Resultat aber bleibt der Weltraubbau, die Weltzerstörung, vor der wir jetzt erschrecken.

Keinesfalls darf man diese Entwicklung nun aber dem biblischen Satz anlasten: «Machet euch die Erde untertan!»

Im Zusammenhang unserer Erzählung bedeutet dieser Satz zweierlei:

1. Es wird dem Menschen erlaubt, Ackerbau zu treiben. Mit «Erde» ist nicht der Globus gemeint, sondern der Boden unter den Füssen des Menschen, der hebräisch «adam» heisst, abgeleitet von «adamah», was «Erde» bedeutet. Adam, der Erderich, bekommt die Erlaubnis und den Auftrag, die Erde zu beackern.

Und 2. ist mit «untertan machen» die sorgende, pflegende, auch schiedsrichterliche Herrschaft über die Tiere gemeint, von der wir zuvor hörten. An Tiertötung zum Zweck der Nahrungsbeschaffung ist dabei (noch) nicht gedacht, dem Menschen wird pflanzliche Nahrung zugewiesen.

«Und Gott sprach: Siehe, ich gebe euch alle samentragenden Pflanzen auf der ganzen Erde und alle Bäume, an denen samenhaltige Früchte sind. Sie sollen eure Nahrung sein.»

Das heisst: Der Mensch soll Getreide und Baumfrüchte essen, Pflanzen also, die des Anbaus bedürfen. Den Tieren dagegen wird als Nahrung Kraut und Gras zugewiesen, Pflanzen also, die von selber nachwachsen und keines Anbaus bedürfen:

«Aber allen Tieren der Erde und allen Vögeln des Himmels und allem, was sich regt auf der Erde, was Lebensatem in sich hat, gebe ich alles Kraut und Gras zur Nahrung. Und es geschah also.»

Mit dieser verschiedenen Nahrungszuweisung versucht der Schöpfer einem möglichen Kampf zwischen Menschen und Tieren um die Nahrung vorzubeugen. Tierjagd, Tierschlachtung, tierische Nahrung kommen erst auf nach der schuldhaft verursachten Katastrophe der Sintflut.

Hören wir also auf, uns für globalen Raubbau, für globale Zerstörungen auf den Satz zu berufen: «Machet euch die Erde untertan!» Dieser Satz enthält einzig die Erlaubnis, Ackerbau zu treiben, und dazu den Auftrag, fürsorglich die Verantwortung für die Tiere zu tragen.

Ein Hinweis noch zum Schluss: Stets deutlicher zeigt sich, dass die zerstörerische Ausbeutung der Natur Hand in Hand geht mit der zerstörerischen Ausbeutung von Menschen und Völkern. Die Kriegführung gegen die Natur und die Kriegführung der Menschen gegeneinander sind zwei Seiten ein und derselben Medaille. Heute sagen immer mehr Frauen, beides habe etwas zu tun mit einer Denkweise und Zivilisation, die von männlichen Vorstellungen geprägt worden sind. Christliche Frauen doppeln nach mit der Feststellung, auch die bisherige Gottesvorstellung sei ja einseitig männlich gewesen, d. h. vor allem herrscherlich, unterwerfend, erobernd.

Hier, am Anfang der Bibel, steht es anders: Nach seinem Bild habe Gott den Menschen geschaffen, «als Mann und Frau schuf er sie». So ist also auch Gott Mann UND Frau, Vater UND Mutter. Wir jedoch haben gerade das Weibliche aus Gott herausgelöst, haben es verdrängt und uns einem männlichen Befehlshaber- und Kommando-Gott unterworfen, zum Schaden unserer Seelen, zum Schaden unserer Erde.

Die Art, wie wir an Weihnachten das Kind in der Krippe und seine Mutter feiern, ist oft nur eine kümmerliche und erst noch folgenlose Kompensation für die jahraus jahrein verdrängte Weiblichkeit Gottes.

Umso heller leuchtet die Vision dieser Schöpfungserzählung: Gott ebenso weiblich wie männlich, Gott als Integration und Versöhnung! Kein Eroberer, kein Unterwerfer, vielmehr Schöpfer UND Schöpferin, Befreier UND Befreierin – Gott als Liebe.

(12. Dezember 1982)

Auch ohne Gott mit Gott

Und ein Mann vom Hause Levi ging hin und heiratete eine Levitin. Und das Weib ward schwanger und gebar einen Sohn. Als sie sah, dass er schön war, verbarg sie ihn drei Monate lang. Und da sie ihn nicht länger verbergen konnte, nahm sie ein Kästlein von Rohr, verklebte es mit Asphalt und Pech und legte das Kind darein; dann setzte sie es ins Schilf am Ufer des Nil. Seine Schwester aber stellte sich in einiger Entfernung auf, um zu erfahren, wie es ihm ergehen würde. Da kam die Tochter des Pharao an den Nil herunter, um zu baden. Während nun ihre Dienerinnen am Ufer des Nil hin und her gingen, sah sie das Kästlein mitten im Schilf, und sie sandte ihre Magd hin und liess es holen. Und als sie es auftat und das Kind sah – es war ein weinendes Knäblein –, da hatte sie Mitleid mit ihm, und sie sprach: Das ist eins von den Kindlein der Hebräer. Nun sprach seine Schwester zu der Tochter des Pharao: Soll ich hingehen und dir eine hebräische Amme rufen, dass sie dir das Kind stille? Die Tochter des Pharao antwortete ihr: Ja, gehe. Und die Jungfrau ging hin und rief die Mutter des Kindes. Da sprach die Tochter des Pharao zu ihr: Nimm diesen Knaben mit dir und stille ihn; ich will dir deinen Lohn geben. Das Weib nahm den Knaben und stillte ihn. Und als der Knabe gross geworden war, brachte sie ihn der Tochter des Pharao. Die nahm ihn als Sohn an und nannte ihn Mose, indem sie sprach: Ich habe ihn ja aus dem Wasser gezogen.

2. Mose 2,1–10

In diesem Bericht kommt Gott, so scheint es, nicht vor.

Hier handeln Menschen aus eigenem Entschluss, in eigener Verantwortung – wie zuvor die beiden Hebammen.

Eine «erbauliche» Geschichte hätte zum mindesten der Mutter, die ihr Knäblein im Nilschilf dem Ungewissen aussetzt, ein Stossgebet auf die Lippen gelegt. Doch es wird nicht gebetet, um so listiger aber geplant und ins Werk gesetzt, um einen Knaben vor den Häschern Pharaos in Sicherheit zu bringen.

Das «Wort Gottes» – wie wir das Bibelwort nennen – bezeugt hier die Tat eines Menschen, der gar nicht erst nach Gottes Weisung fragt.

Dabei müssen wir uns klar machen: Hiermit wird nichts weniger als der Anfang der Befreiung Israels aus der ägyptischen Sklaverei erzählt! Neben dem Jesus-Ereignis ist die Befreiung Israels aus Ägypten ein Grunddatum unserer Glaubensgeschichte, ein Grunddatum unserer Hoffnung und somit ein Grunddatum der Geschichte unserer Zukunft!

Und nun geschieht dieser Anfang *so*: ohne Gott (scheinbar), in Form selbständiger, menschlicher Aktionen!

Ein Gottesereignis, das so völlig diesseitig, so autonom menschlich einsetzt, muss auf einen sehr erstaunlichen Gott bezogen sein.

Man kann sich freilich fragen, ob Gott nicht sozusagen *versteckt* ist in diesem Bericht, versteckt etwa in der Mitteilung, die Prinzessin, die beim Baden das Hebräerknäblein im Schilf entdeckte, habe «Mitleid» mit ihm gehabt.

Man könnte, man muss vielleicht sagen: Wo immer Mitleid unser Handeln motiviert, ist Gott heimlich dabei. Mitleid, Liebe, Hilfstat sind sozusagen getarnte Anwesenheiten Gottes – auch dort, wo es sich um sogenannte Nicht-Gläubige handelt, wie das bei der ägyptischen Prinzessin der Fall war. Aber eine solche Interpretation geht bereits über den Wortlaut unseres Berichts hinaus. Tatsache bleibt, dass hier Gott nicht ins Spiel gebracht wird. Zwei, dann drei Frauen (die Prinzessin!) tun von allein das Nötige.

Alle Religionen sagen: Wir brauchen Gott, Gott will von uns gebraucht sein. Der erstaunliche Gott Israels jedoch deutet hier – aber nicht nur hier! – an: Noch besser wäre es vielleicht, ihr brauchtet mich weniger, ihr würdet lernen, von euch aus richtig zu handeln.

Vielleicht stelle ich damit eine kühne Behauptung auf. Ich glaube aber, dass sie zu *diesem* erstaunlichen Gott nicht schlecht passen könnte. Zu *diesem* Gott, der unsere Freiheit, d. h. unsere Selbstbestimmung will.

Hier freilich beginnt der Aufbruch zu dieser Freiheit eben erst. Wir werden sehen, dass Gottes Eingreifen immer wieder unentbehrlich und entscheidend sein wird. Das Ziel ist noch in der Ferne. Aber sein Licht leuchtet schon auf.

Die Prinzessin gab dem Hebräerknaben den ägyptischen Namen «Mose», was ungefähr bedeutet: «der aus dem Wasser Gezogene», genauer wohl: «Same des Teiches, des Wassers».

Mose wächst, nachdem er fertig gestillt und gekräftigt ist, am pharaonischen Hofe auf, mit den Privilegien und Bildungsmöglichkeiten eines Fürstensohnes. Er gehört somit nicht mehr zu den Sklaven, sondern zur herrschenden Klasse. Hier scheint sich die Regel zu bestätigen, dass die Befreier der unteren Klasse meist nicht aus dieser selbst, sondern aus der oberen Klasse kommen. So entstammten Marx, Engels und auch Lenin nicht dem Industrieproletariat, Fidel Castro, Che Guevara, Camilo Torres nicht dem Landproletariat der Dritten Welt, vielmehr kamen sie aus der gebildeten Mittelschicht. Zur Unterdrückung gehört ja auch die Verweigerung von Bildungsmöglichkeiten. So können Unterdrückte nur selten fähige Chefs aus ihrer eigenen Mitte hervorbringen. Darum beginnt auch die Befreiung Israels, die weniger eine nationale als eine soziale Befreiung ist, vorerst mit der privilegierten Jugend, mit der Bildung und Formung des Mose am ägyptischen Hof.

Man könnte sagen: Darin war Gottes Vorsehung am Werk. Doch unser Bericht verzichtet auf eine solche Deutung. Er stellt nüchtern dar, wie alles geschah und kam, ohne Gott ins Spiel zu bringen. Die Darstellung folgt eher dem Wort von Dorothee Sölle: «Gott hat keine anderen Hände als die unseren. Gott hat keine anderen Augen als die unseren.»

Ich weiss nicht, ob dieser Satz generell immer zutrifft. Hier trifft er zu.

(Anfang 1970er-Jahre)

Der Name Gottes

I

Mose aber sprach zu Gott: Wer bin ich, dass ich zum Pharao gehen und die Israeliten aus Ägypten führen sollte? Er sprach: Ich werde mit dir sein; und dies sei dir das Zeichen, dass ich es bin, der dich gesandt hat: Wenn du das Volk aus Ägypten führst, werdet ihr an diesem Berge Gott verehren. Da sprach Mose zu Gott: Siehe, wenn ich nun zu den Israeliten komme und ihnen sage: ‹Der Gott eurer Väter hat mich zu euch gesandt›, und wenn sie mich fragen: ‹Was ist's um seinen Namen?› – was soll ich ihnen dann antworten? Gott sprach zu Mose: ‹Ich bin, der ich bin (= Ich werde da sein, als der ich da sein werde).› Und er fuhr fort: So sollst du zu den Israeliten sagen: Der ‹Ich bin (= Ich bin da›) hat mich zu euch gesandt. Und Gott sprach weiter zu Mose: So sollst du zu den Israeliten sagen: ‹Jahwe, der Gott eurer Väter, der Gott Abrahams, der Gott Isaaks und der Gott Jakobs, hat mich zu euch gesandt.› Das ist mein Name ewiglich, und so will ich angerufen sein von Geschlecht zu Geschlecht.

2. Mose 3,11–15

Wie haben wir uns den Dialog Moses mit Gott vorzustellen? Wie geht es zu, wenn ein Mensch Gott reden hört? Geschieht das in Form von Erleuchtungen, von nicht ableitbaren Gewissheiten, von inneren Stimmen – oder wie? Und wie wird man sicher, dass man nicht einer Selbsttäuschung oder Eingebungen des eigenen Unterbewusstseins erlegen ist, dass also der Dialog nicht nur ein Monolog war?

Sicher ist: Wir sind nicht Ohrenzeugen des Gesprächs zwischen Mose und Gott. Wir haben dieses Gespräch in Form eines

Berichtes vor uns, den nicht Mose geschrieben hat, sondern ein späterer Chronist, dessen Quellen wir nicht kennen. Dieser Chronist stellt den Dialog am Dornbusch in wohlartikulierter Rede und Gegenrede dar, damit er einigermassen verständlich wird. In welcher Form sich der Urdialog wirklich abgewickelt hat, wissen wir nicht. Der Bericht über ihn ist eine *Adaption* an die Verständnismöglichkeiten späterer Leser und zugleich schon *Deutung* dessen, was Mose am Dornbusch widerfahren ist.

Fragt man, ob in diesem Bericht überhaupt *Gottes* Wort zu uns komme oder ob alles menschliche Phantasie und Erfindung sei, so gibt es für die innere Authentizität eines solchen Textes nur *ein* Kriterium, nämlich, seine einleuchtende Kraft für Generationen späterer Leser. Die Überlieferungsgeschichte gerade der Mose-Texte, vor allem im Judentum, dann auch im Christentum und sogar im Islam, bestätigt, dass diesen Texten eine seltsam faszinierende, bewegende und zugleich prägende Kraft innewohnt – bis heute. Das dürfte wohl Indiz dafür sein, dass an ihnen tatsächlich «etwas dran» ist, dass da nicht nur Willkür der Phantasie am Werk gewesen ist.

Mose fragt: «Wer bin ich, dass *ich* zum Pharao gehen und die Israeliten aus Ägypten führen soll?»

Mose, der Hirt in der Steppe, der Gastarbeiter unter midianitischen Kamelnomaden, ist ein «Niemand» ohne politische Macht und soziales Prestige. Wie soll er mit dem Pharao verhandeln können?

«Wer bin ich?»

Dem «Ich» dieser Frage setzt Gottes Antwort das «Ich» der Zusage entgegen: «Ich werde mit dir sein.» Doch was taugt diese Zusage des Vätergottes?

«Da sprach Mose zu Gott: Siehe, wenn ich nun zu den Israeliten komme und ihnen sage: ‹Der Gott eurer Väter hat mich zu euch gesandt›, und wenn sie mich fragen: ‹Was ist's um seinen Namen?› – was soll ich ihnen dann antworten?»

Es kann ja jeder kommen und behaupten, Gott habe ihn gesandt. Wir kennen das. Es wimmelt von Leuten, die behaupten, Gott sende sie. Sie stehen auf Kanzeln, klopfen an Haustüren, treiben Politik, führen Krieg – immer mit der Behauptung, im Auftrag Gottes zu handeln.

«Was ist's um seinen Namen?»

Das ist die Frage, ob unser Reden von Gott nur Gerede oder ob es Zeugnis einer wirksamen Realität sei. Das Wort «Gott» ist ein allzu oft missbrauchtes und geschändetes Wort, so dass es viel, bei manchen schon fast allen Kredit eingebüsst hat.

Hier zielt die Frage zunächst auf eventuelle magische Qualitäten eines Gottesnamens. Vielleicht gibt es neben oder hinter dem Gattungsbegriff «Gott» noch etwas Wirksameres, nämlich einen Namen, der, mit übernatürlichen Kräften magisch geladen, wunderhaft helfen könnte? Einen Namen, dessen Gebrauch Gott beschwören, herausfordern und dazu zwingen könnte, zu erscheinen und zu retten?

«Was ist's um seinen Namen?»

«Gott sprach zu Mose: ‹Ich bin, der ich bin.› Und er fuhr fort: So sollst du zu den Israeliten sagen: Der ‹Ich bin› hat mich zu euch gesandt.»

Weil im Hebräischen zwischen Gegenwart und Zukunft nicht unterschieden wird, kann ebenso gut übersetzt werden: «Ich werde sein, der ich sein werde.» Der Satz kann noch prägnanter gefasst werden: «Ich werde da sein, als der ich da sein werde.» Das wäre dann Wiederholung und zugleich Ausweitung der vorherigen Zusage an Mose: «Ich werde mit dir sein.»

Gott gibt somit nicht einen Namen her, mit dem man magisch-instrumental umgehen könnte, um Gewünschtes herbeizuzwingen. Gott gibt mehr als seinen Namen, er gibt sich selber her, er engagiert sich persönlich: «*Ich* werde da sein ...»

Diesem persönlichen Engagement entspricht jedoch auch die Freiheit, die Gott sich wahrt. Er lässt sich nicht von *uns* vorschreiben, was zu tun oder zu unterlassen sei. Er lässt sich nicht auf bestimmte Verhaltensweisen jetzt oder für die Zukunft festlegen. Er ist *so* gegenwärtig, wird *so* da sein, wie er es in seiner Souveränität für richtig hält: «Ich werde da sein, als der ich da sein werde.» Das besagt: «Ihr braucht mich nicht zu beschwören, denn ich bin da, bin bei euch, aber ihr *könnt* mich auch nicht beschwören, denn ich bin jeweils so bei euch, wie ich jeweils sein will, ich selber nehme keine meiner Erscheinungen vorweg, ihr könnt mir nicht begegnen *lernen*, ihr begegnet mir, wenn ihr mir begegnet.» (Martin Buber) So entzieht sich Gott jeder Beschwörung und Magie. Dafür wird Israel «auf ein Geschehen verwiesen, das von JAHWE ausgeht, auf das, was er unternimmt: den Zug, den er mit Israel zieht aus Ägypten in das gelobte Land und weiter ins Exil und in die Diaspora, verwiesen auf die ‹Tage› und die ‹Taten›, welche die Tage und Taten Gottes sind» (Kornelis Heiko Miskotte).

«Und Gott sprach zu Mose: So sollst du zu den Israeliten sagen: Der ‹Ich bin› (d. h. auch: der ‹Ich werde da sein›) hat mich zu euch gesandt. Und Gott sprach weiter zu Mose: So sollst du zu den Israeliten sagen: ‹Jahwe, der Gott eurer Väter, der Gott Abrahams, der Gott Isaaks und der Gott Jakobs, hat mich zu euch gesandt.› Das ist mein Name ewiglich, und so will ich angerufen sein von Geschlecht zu Geschlecht.»

Unerwarteterweise scheint Gott nun also doch noch einen, *seinen* Namen preiszugeben: «Jahwe – das ist mein Name ewiglich.»

Zu Recht hat man aber gesagt: Dieser Name ist im Grunde der Name einer Namensverweigerung (Karl Barth), «ein namenloser Name» (Kornelis Heiko Miskotte). Er ist unübersetzbar, undeutbar, nicht hebräisch, sondern vielleicht midianitischen Ursprungs – ein *Fremdwort* jedenfalls auch für die Israeliten!

Dieser erratisch fremde Gottesname bezeugt einen Gott, der nicht ein Produkt nationaler Wünsche und Aspirationen ist. Dieser Gott kommt, wie sein Name, von aussen, kommt als Fremder zum Volk Israel. Kein Eigengewächs also, kein «Gott im hehren Vaterland», kein Nationalgötze.

Sicher ist, dass «Jahwe» ein Eigenname ist, somit kein allgemeiner Gattungsbegriff wie etwa das Wort «Gott». Dazu kommt, dass der alttestamentliche Satz «Jahwe ist Gott» unumkehrbar ist. Es ist also nicht so, dass Gott unter anderem den Namen Jahwe trägt (was Hellmut Rosin nachgewiesen hat). Der

Satz «Gott ist Jahwe» findet sich im Alten Testament nirgends.
«Jahwe» ist demnach nicht eine Manifestation des Göttlichen,
das sich ein bisschen überall in den Religionen und ihren Göttern findet, doch seit der Religionskritik von Feuerbach und
Marx dem Verdacht ausgesetzt ist, Selbstprojektion des Menschen oder fromme Überhöhung irdischer Herrschaftsverhältnisse zu sein. Der Eigenname «Jahwe» setzt den Gott Israels
entschieden ab gegen die Götter der Religionen.

Allein: Gerade ein so fremder, undeutbarer Eigenname
könnte als magisches Mittel missbraucht werden. Zauberer, Kartenschläger, Wahrsager murmeln ja mit Vorliebe völlig unverständliche Namen und Wörter. Dem beugt unser Bericht jedoch
vor. Er *deutet* den undeutbaren Namen nun doch, und zwar als
Kurzform des Satzes: «Ich bin, der ich bin (Ich werde da sein, als
der ich da sein werde).» Das ist aus dem äusserlichen, sozusagen
musikalischen Grunde möglich, weil im Hebräischen das Wort
«Jahwe» dem Satz «Ich bin, der ich bin» ähnlich tönt. Diese
Deutung ist also nicht wissenschaftlich, sondern künstlerisch,
von assoziativ-formalen, nicht von inhaltlichen Gesichtspunkten bestimmt. Aber mit dieser Deutung wird dem magischen
Missbrauch des Gottesnamens gewehrt, wird zurückgelenkt zu
jenem Satz, der Namensverweigerung *und* persönliches Engagement Gottes zugleich ausspricht: «Ich bin, der ich bin – Ich
werde da sein, als der ich da sein werde.»

II

«Jahwe – das ist mein Name ewiglich, und so will ich angerufen
sein von Geschlecht zu Geschlecht.» Und doch ist der Gottesname «Jahwe» aus unseren übersetzten Bibeln verschwunden
und ersetzt worden durch das Wort «Herr».

Wie kam es dazu?

Aus Ehrfurcht vor dem Gottesnamen und um ihn ja nicht
mit menschlichen unreinen Lippen zu verunehren, gewöhnten
sich bereits die Juden an, den Namen «Jahwe» nicht mehr auszusprechen. Wo immer «Jahwe» im gedruckten Text des Alten

Testamentes steht, lasen (und lesen) sie ein anderes Wort, nämlich «Adonai», was «Herr» bedeutet. Die Übersetzungen des Alten Testamentes ins Griechische, später ins Lateinische und alle andern Sprachen setzten an die Stelle von «Jahwe» ebenfalls den Begriff «Herr».

Im Laufe der Zeit wurde der Name «Jahwe» so unbekannt, dass man nicht mehr wusste, wie er, falls man im hebräischen Text auf ihn stiess, auszusprechen sei. Man las zu Beginn der Neuzeit statt «Jahwe» zunächst: «Jehovah». So kam der Name Jehovah in einige Kirchenlieder. So kamen aber auch die «Zeugen Jehovahs» zu ihrem Namen. Bis die Forschung herausfand, dass der Name eben nicht als «Jehovah», sondern als «Jahwe» ausgesprochen werden muss. Davon nahmen allerdings die «Zeugen Jehovahs» keine Notiz – Selbstkorrektur ist nicht gerade ihre stärkste Seite. Eines jedoch ist ihnen zugute zu halten: Indem sie auf den *Namen* «Jehovah/Jahwe» zurückgriffen, stellen sie unsere Tradition, die den *Namen* durch einen *Begriff* («Herr») ersetzte, in Frage. Diese Ersetzung könnte eventuell Mitursache verschiedener Missverständnisse und Fehlleistungen im Christentum gewesen sein.

Der oberste Herr eines Landes war der Monarch: Kaiser, König, Pharao, Fürst – oder wie immer er hiess. Indem Gott als «Herr» bezeichnet wurde, machte ihn die menschliche Vorstellung zum Weltmonarchen, zum Weltkönig. Wir sehen das am deutlichsten im Islam: Hier ist Allah der absolute Weltmonarch, der alles irdische Geschehen lenkt und bestimmt in der Art eines orientalischen Fürsten alten Stils.

Wenn aber Gott absoluter Weltherr in diesem Sinne ist, hat er dann also auch Auschwitz, Treblinka, Vietnam gewollt und bewirkt? Ist es dann also *sein* Wille und *seine* Tat, wenn heute Tag für Tag Abertausende von Menschen an den Folgen von Unterernährung sterben müssen?

Der Islam antwortet auf diese Frage: Allah ist weder gut noch böse. Er ist absoluter Herrscher, der tut, was ihm passt. Der Mensch hat Allahs Entscheidungen und Verfügungen zu akzeptieren, auch wenn sie ihm böse vorkommen mögen.

In dieser Auffassung von Gott spiegeln sich ein geschichtlich bedingtes Verständnis von Herrschaft und eine bestimmte, hierarchische Gesellschaftsform. Es wird also eine gesellschaftliche Struktur auf Gott projiziert. Man wird z. B. gespannt darauf sein dürfen, ob und wie sich die islamische Gottesvorstellung verändern wird, ja verändern muss, falls in den Ländern des Islam einmal demokratische Strukturen und Entscheidungsprozesse etabliert sein werden.

Damit ist auch gesagt, dass wir in unseren hiesigen Verhältnissen und mit unserem heutigen Denken das Gottesbild vom absoluten Weltmonarchen kaum mehr nachvollziehen können.

«Gott, Du willst auch nicht mehr
mit unterwürfigem Gemurmel begrüsst
und mit Sätzen angesprochen werden
die man nur noch einem Welttyrannen
zumuten möchte.»
(Gonsalv Mainberger)

Indem wir Gott nicht mehr als «Herrn» in einem absolutistischen Sinne verstehen, nehmen wir ihn sozusagen in Schutz. Wir nehmen ihn in Schutz gegen den Verdacht, ein grausamer, menschen- und weltzerstörender Despot zu sein, dem es zuzutrauen wäre, dass *er* der eigentliche Urheber von Massakern und Genoziden, dass *er* der direkte oder indirekte Anstifter von Auschwitz, Treblinka, Vietnam ist. Indem wir Gott solches *nicht* zutrauen, vertrauen wir der Aussage Jesu, dass Gott *gut* ist (Mt 19,17). Und wir vertrauen dem Zeugen Johannes, wenn er die Gutheit des von Jesus verkündigten Gottes mit dem Satz definiert: «Gott ist Liebe» (1Joh 4,8). Und wir interpretieren ferner den mit dem «Jahwe»-Namen assoziativ verbundenen Satz «Ich werde da sein, als der ich da sein werde» nicht im Sinne despotischer Willkür, als ob sich Gott hiermit vorbehalte, nach Art eines Super-Pharao freie Hand sowohl für das Gute wie für das Böse zu haben. Ich möchte den «Jahwe-Satz» vielmehr entschieden im Sinne Jesu und des Neuen Testamentes interpretieren: Die Freiheit, die sich Gott vorbehält, ist die Freiheit der Liebe! «Gott ist verrückt vor Liebe und daher ist Sein Benehmen nicht vorausschaubar. In irgendeinem Augenblick begeht der Liebhaber eine Verrücktheit, weil er, wie alle Liebenden, Vernunftgründen nicht zugänglich ist.» (Ernesto Cardenal)

Ein Gott, der nicht nur teilweise Liebe zeigt, sondern wesenhaft Liebe *ist*, legt wenig, oft gar keinen Wert auf den Gebrauch seiner Macht. Er sucht als Antwort nicht Unterwerfung, sondern wiederum Liebe. Diese kann jedoch durch Machteinsatz nicht erzwungen werden.

Ein Gott, dessen *Macht* zuletzt keine andere ist als diejenige der Liebe, ist *gut*. Gut ist mehr, ist etwas anderes als «gütig». In der «Güte» steckt doch immer das Moment patriarchalischer Herablassung, insofern auch schon ein Hauch wissender Resignation. «Das Gute ist hart und herrlich. Die Güte hat immer etwas von Resignation.» (Ludwig Strauss) Gott ist gut!

Wie kann aber ein Gott, der «gut», der «die Liebe» ist, Auschwitz, Treblinka, Hiroshima, Vietnam und den Hungertod von Millionen gewollt haben? Wie kann er «Herr» im Sinne des alten orientalischen Despotismus sein? Er kann es nicht. Er ist nicht dieser «Herr» der totalen Allmacht, der uns Menschen der eigenen Verantwortung enthebt. Lange nicht alles, was in dieser Welt geschieht, ist Gott anzukreiden, entspringt seinem Willen. Der Weltzustand, wo Gott «alles in allem» ist (1Kor 15,28), ist noch ausstehend. Jesus sagte diesen Zustand, die Herrschaft Gottes, als Zukunft an – nicht als Gegenwart. Jetzt, in der Gegenwart ist der *gute* Gott keineswegs der, auf dessen Willen und Anordnung alles Weltgeschehen im Grossen und im Kleinen zurückgeführt werden kann, also auch Krieg, Terror, Hunger. An *uns* ist es, Frieden, Recht und Brot für alle zu schaffen! *Wir* sind dafür verantwortlich, wenn es stets wieder zu Katastrophen der Gewalt und des Unrechts kommt. Es heisst den Namen Gottes missbrauchen, wenn wir ihn als Alibi für unser Versagen verwenden. Es heisst sich ein falsches Bild von Gott machen, wenn wir *ihn* für *unsere* Schuld verantwortlich machen. Man könnte ihn höchstens dafür verantwortlich machen, dass er uns so viel Freiheit schenkt, so viel Verantwortungsfähigkeit zutraut, zuletzt also: dass er darauf verzichtet, unser Tyrann und Despot zu sein. An diesem Punkt erweist sich vermutlich, dass Gott gerade in seiner Liebe hart ist: «Dass Gott uns nicht zwingt, ist seine Härte.» (Ludwig Strauss)

*

Ist es, nach all diesen Überlegungen, richtig, Gott so unbedacht wie wir es wohl bisher taten, den «Allmächtigen», den «Herrn» zu nennen?

Noch ein anderer Gesichtspunkt muss dazu geltend gemacht werden.

Das Gottesbild vom Weltmonarchen hat in der Vergangenheit des Christentums oft zu einer allzu schnellen Rechtfertigung irdischer Herren und Mächte geführt. Alsbald brachte man die obersten irdischen Herrscher in Analogie zum höchsten Weltmonarchen, verwendete somit Gott zur Sanktionierung irdischer Monarchen, die sich selber als «von Gottes Gnaden», ja als politische Abbilder der «Herrschaft» Gottes auffassten.

Das heisst: Indem Gott zur Projektion irdischer Herrschaft wurde, verschafften sich die irdischen Herren ein göttliches Alibi. Damit wurde Gott auf die Seite der jeweils Herrschenden gezogen, es entstand der Bund zwischen «Thron und Altar»; der hierarchische Gottesbegriff und die hierarchische Herrschaftsform wurden durch die einseitig interpretierte «Herr»- und «Herrschafts»-Theologie miteinander vermählt.

Bis heute geht Gott dieser Vorwurf nach, dass er Parteigänger der irdischen Machthaber sei, dass er auf jeden Fall von den *Kirchen* stets wieder als Gott der Herren und der Herrschenden ausgegeben und der Gehorsam gegen Gott mit dem Gehorsam gegen die Herrschenden identifiziert worden sei.

Dieser Vorwurf, sofern an die offiziellen Grosskirchen adressiert, stimmt.

Er stimmt, sofern er an das von den Kirchen ideologisch verformte Gottes*bild* gerichtet ist.

Am Gott Jesu geht dieser Vorwurf vorbei.

Jesus, der das Wort Gottes *ist*, wurde nicht im Königspalast oder Herrenhaus, er wurde in einer Notunterkunft geboren. Er verbrüderte sich nicht mit den Herrschenden, sondern mit den Beherrschten. Er war ohne Macht im gesellschaftspolitischen Sinne, wurde vielmehr ein Opfer der Mächtigen. Die damit bezeugte Solidarität Gottes mit dem kleinen Mann, der unterprivilegierten Frau, dem ungebildeten Provinzler, dem geächteten Zöllner ist bereits vorgebildet in der Parteinahme für die entrechteten Sklaven im pharaonischen Ägypten.

Noch einmal: Ist es richtig, gerade *diesen* Gott als «Herrn» im irdisch-monarchischen Sinne dieses Begriffs zu verstehen? Legen wir damit Gott nicht auf eine Rolle fest, die er gar nicht spielt? Projizieren wir so nicht unsere eigenen Machtwünsche auf ihn?

Vielleicht wäre der so fremde, so undeutbare, erratische Name «Jahwe» zutreffender? Dieser Name enthält kein Rollenbild von Gott, ist kein Begriff, in den wir eigene Machtträume hineinprojizieren können. «Jahwe» – das ist einfach ein Eigenname, der Gott alle Freiheit lässt, der zu sein, der er je sein wird – und nicht der, als den wir ihn gerne benützen und manipulieren möchten.

*

Freilich: Das Wort «Herr» hat sich so eingebürgert, dass es so rasch nicht ersetzt werden kann. Wir müssen aber fortlaufend interpretieren, müssen beim Gebrauch dieses Wortes sogleich mitdenken: «Herr» – doch ganz anders als irdische Herren Herr sind! So «Herr», wie Jesus gewesen ist – kein Komplize der Herrschenden also, sondern Bruder der Beherrschten.

Der Lateinamerikaner Ernesto Cardenal, einmal nach dem Sinn des Wortes «Gott» befragt, antwortete: «Ich habe keinerlei Theorie des Wortes ‹Gott›. Das einzige, was ich sagen könnte, ist, dass mein Wort Gott Christus heisst.»

Eine ähnliche Antwort wäre auch auf die Frage nach dem problematisch gewordenen Wort «Herr» denkbar.

Wie der Gott der Väter einen Eigennamen hatte, so trägt ja auch der neutestamentliche Wortführer dieses Gottes einen Eigennamen: Jesus ist der Wortführer und existenzielle Zeuge Jahwes. Vor diesen beiden Namen verblassen alle allgemeinen Funktions- und Rollenbegriffe der jüdischen und christlichen Tradition. Unveränderbar und unverwechselbar bleiben die Eigennamen. Sie bezeugen erfahrene, gelebte Existenz.

Ich schliesse mit den letzten Zeilen eines heutigen Hymnus *Auf den allerheiligsten Namen*. Er wurde in der Mitte der fünfziger Jahre vom elsässischen Dichter Jean-Paul de Dadelsen geschrieben und bezieht sich am Schluss direkt auf die Offenbarung des «nicht zu entziffernden Namens» Jahwe beim Dornbusch:

«Preisen wir an der Schwelle des Schweigens den uns
geliehenen Leib, diese Zeit, diesen Ort,
Diese Freiheit, die uns vergönnt, kindlichen Lobpreis zu
singen.
Auch die Fledermaus und der Maulwurf und drüben unter
dem Horizont, dem erschöpften,
Diese dürftige Flamme aus dürrem Gezweig, sie ehren
Den nicht zu entziffernden Namen.»

(Anfang 1970er-Jahre)

Prophetie und Kirche

Da entgegnete Mose: Wenn sie mir aber nicht glauben und nicht auf mich hören wollen, sondern sagen: «Der Herr ist dir nicht erschienen»? Der Herr sprach zu ihm: Was hast du da in der Hand? Er antwortete: Einen Stab. Da sprach er: Wirf ihn auf die Erde! Und er warf ihn auf die Erde; da ward er zu einer Schlange, und Mose floh vor ihr. Aber der Herr sprach zu Mose: Strecke deine Hand aus und fasse sie beim Schwanze! Und er streckte seine Hand aus und ergriff sie; da ward sie in seiner Hand wieder zum Stabe. «Damit sie glauben, dass dir der Herr erschienen ist, der Gott ihrer Väter, der Gott Abrahams, der Gott Isaaks und der Gott Jakobs.» Und der Herr sprach weiter zu ihm: Stecke doch deine Hand in den Busen! Und er steckte die Hand in den Busen; und als er sie wieder hervorzog, siehe, da war sie vom Aussatz weiss wie Schnee. Und er sprach: Stecke deine Hand nochmals in den Busen! Und er steckte die Hand nochmals in den Busen; und als er sie hervorzog, siehe, da war sie wieder wie sein [anderes] Fleisch. «Und wenn sie dir nicht glauben und auf das erste Zeichen hin nicht hören wollen, so werden sie doch auf das zweite Zeichen hin glauben. Wenn sie aber auch auf diese beiden Zeichen hin nicht glauben und nicht auf dich hören wollen, so nimm Wasser aus dem Nil und giesse es auf das Trockene; dann wird das Wasser, das du aus dem Nil genommen hast, auf dem Trockenen zu Blut werden.» Mose aber sprach zu dem Herrn: Ach Herr, ich bin kein beredter Mann; ich war es von jeher nicht und bin es auch jetzt nicht, seitdem du mit deinem Knechte redest, sondern schwerfällig ist mein Mund und meine Zunge. Da sprach der Herr zu ihm: Wer hat dem Menschen den Mund geschaffen? Oder wer macht ihn stumm oder taub oder sehend oder blind?

Bin nicht ich es, der Herr? So gehe nun hin: Ich will mit deinem Munde sein und dich lehren, was du sagen sollst. Er aber sprach: Ach Herr, sende doch, wen du senden willst. Da ward der Herr zornig über Mose und sprach: Ist denn nicht dein Bruder Aaron da, der Levit? Ich weiss, dass er beredt ist. Sieh, schon ist er im Begriffe, dir entgegenzugehen, und wenn er dich sieht, wird er sich von Herzen freuen. Rede also mit ihm und lege ihm die Worte in den Mund; ich aber will mit deinem und mit seinem Munde sein und euch lehren, was ihr tun sollt. Er soll für dich zum Volke reden und dein Mund sein, und du sollst ihm an Gottes Statt sein. Und diesen Stab da nimm zur Hand; damit sollst du die Zeichen tun.

2. Mose 4,1–17

Wie die meisten (echten) Propheten will auch Mose kein Prophet sein. Gegen seine Beauftragung bringt er einen Einwand nach dem andern vor und Jahwe nimmt, unserem Bericht zufolge, die Einwände ernst.

Der neue Einwand lautet: «Wenn sie mir aber nicht glauben und nicht auf mich hören wollen, sondern sagen: ‹Der Herr ist dir nicht erschienen›?» Was dann?

Jahwe begegnet dem Bedenken mit einer kuriosen Offerte. Kurios, weil derselbe Gott, der sich kurz zuvor gegen einen magischen Missbrauch seines Namens genau abgesichert hatte, sich jetzt auf handfeste Magie und Zauberei einlässt. Er lehrt Mose, wie er aus seinem Stab eine Schlange, seine gesunde Hand aussätzig und wieder gesund machen und eine Handvoll Nilwasser in Blut verwandeln kann.

Deutlich bleibt immerhin: Der Könner dieser Zauberstücklein ist nicht Mose selbst. Kein Trick, keine magische Methode also! Der Könner, der Magier ist Jahwe allein und Mose allenfalls so etwas wie sein Medium.

Dennoch: Jahwe als Magier?

Nun ist aber zu bedenken, dass gerade Ägypten das klassische Land der Magie war. Magie war hier sozusagen eine Sprache, die man verstand. Und dieser magischen Umwelt sind durchaus auch die hebräischen Sklaven verhaftet. Um etwas zu erreichen, passt offenbar Jahwe seine Methode der magisch-abergläubischen Verstehensweise des Sklavenvolkes in Ägypten an.

Auch wollen wir uns nicht zu schnell über das «primitive» magische Denken von damals erhaben dünken. Zauberei – das würde heute noch ziehen! Mit Zauberkunststücken brächte man auch heute die Menschen wieder zum Aufhorchen und in die Kirche.

Umso verwunderlicher, dass Mose durch die erfahrene Fähigkeit zur Ausübung magischen Zaubers weder überzeugt noch ermutigt ist: «Mose aber sprach zu dem Herrn: Ach, Herr, ich bin kein beredter Mann; ich war es von jeher nicht und bin es auch jetzt nicht, sondern schwerfällig ist mein Mund und meine Zunge.»

Wir haben keinen Grund, an Moses mangelnder Redegewandtheit zu zweifeln. Seltsamerweise scheint Gott mit Vorliebe Menschen als seine Wortführer auszuwählen, die von Natur aus weder gerne noch gut reden. Auch Jeremia wendet später gegen seine Berufung ein: «Ach, Herr, mein Gott, ich verstehe ja nicht, zu reden ...» (Jeremia 1,6). Rhetorische Naturtalente scheinen als Wortführer Gottes wenig geeignet. Blendende Redner blenden nur, als Primadonnen ihrer selbst, sie erleuchten nicht.

Jahwe begegnet dem Einwand des Mose mit einem Hinweis auf seine souveräne Schöpferkraft: «Wer hat dem Menschen den Mund geschaffen? Oder wer macht ihn stumm oder taub oder sehend oder blind? Bin nicht ich es, Jahwe (der Herr)? So gehe nun hin: Ich will mit deinem Munde sein und dich lehren, was du sagen sollst.»

Die unerhörteste Amtseinsetzung und Verheissung, die es je gab: «So gehe nun hin: Ich will mit deinem Munde sein und dich lehren, was du sagen sollst.» Auf *solche* Zusage hin müsste es selbst der hoffnungsloseste Stammler und Stotterer wagen können!

Doch Mose *will* einfach nicht, Zusage hin oder her! Jahwes werbende Beredsamkeit stösst zuletzt auf steinernes Nein: «Ach, Herr, sende doch, wen du willst» – nur *mich* nicht!

«Da ward der Herr (Jahwe) zornig über Mose.»

Nun scheint Gottes Geduld zu Ende. Und doch: Jahwes Zorn ist nicht blind, sondern erfinderisch: «Ist denn nicht dein Bruder Aaron da, der Levit?» Ist Aaron nicht ein beredter Mann? Gut: So soll *er* doch reden! So soll *er* «dein Mund sein und du sollst ihm an Gottes Statt sein».

So wird eine Arbeitsteilung im «Team-Work» vorgesehen – als definitive Lösung, über die nicht mehr länger diskutiert wird: Mose soll der Prophet sein, der Gottes Weisung empfängt, Aaron dagegen ist der Priester, der die Weisungen Gottes an Mose dem Volk verständlich macht.

Wo Team-Arbeit ist, entstehen auch Spannungen. Die Spannung zwischen Prophetie und Priestertum durchzieht von da an die Geschichte Israels wie diejenige der Kirche. Wo der vermittelnde, interpretierende Priester fehlt, droht den Propheten die Gefahr esoterischer Sektenbildung. Wo dagegen nur noch vermittelnde, interpretierende Priester und keine Propheten mehr sind, droht die Gefahr frommen Geredes und ritualisierten Leerlaufs, die Gefahr, dass der Creator Spiritus (Schöpfer Geist) zum Commentator Spiritus (zum nur noch kommentierenden Geist) verkümmert.

Also braucht es beides: Propheten und Visionäre, die neue, aktuelle Weisungen Gottes hören, neue Horizonte und Ziele sehen – und es braucht ebenso eine Theologie und eine Kirche, die diese Weisungen und neuen Visionen kritisch vermitteln, erläutern, verständlich machen können.

Die in der Kirche gebetete Bitte um den Heiligen Geist ist immer auch Bitte um die Konkretion des Geistes sowohl in Menschen, die begnadet und geschlagen sind mit dem Auftrag der Prophetie wie auch in Menschen, die das prophetische Wort umsetzen können in *unsere* Sprache, in *unseren* Alltag.

(Anfang 1970er-Jahre)

Gott geht mit

Als nun der Pharao das Volk ziehen liess, führte sie Gott nicht den Weg nach dem Philisterland – der wäre ja der nächste gewesen; denn Gott dachte: Vielleicht könnte es das Volk gereuen, wenn es Kämpfe vor sich sieht, und sie könnten nach Ägypten zurückkehren; sondern Gott liess das Volk einen Umweg machen, durch die Wüste an das Schilfmeer, und kampfgerüstet zogen die Israeliten aus dem Lande Ägypten. Und Mose nahm die Gebeine Josephs mit; denn dieser hatte einen Eid von den Söhnen Israels genommen und gesprochen: Gewiss wird Gott sich euer annehmen; führt dann meine Gebeine mit von hier hinauf. Darnach brachen sie von Sukkoth auf und lagerten sich in Etham am Rande der Wüste. Der Herr aber zog vor ihnen her, am Tage in einer Wolkensäule, um ihnen den Weg zu zeigen, und des Nachts in einer Feuersäule, um ihnen zu leuchten, damit sie bei Tag und bei Nacht wandern könnten. Nie wich die Wolkensäule am Tage und nie die Feuersäule bei Nacht von der Spitze des Zuges.

Da sprach der Herr zu Mose: Befiehl den Israeliten, umzukehren und sich bei Pihahiroth zu lagern, zwischen Migdol und dem Meere; angesichts von Baal-Zephon, diesem gegenüber, sollt ihr euch am Meere lagern. Der Pharao aber wird von den Israeliten denken: Sie haben sich im Lande verirrt, die Wüste hält sie umschlossen. Dann will ich das Herz des Pharao verstocken, dass er ihnen nachjagt, damit ich mich am Pharao und seiner ganzen Macht verherrliche; die Ägypter sollen erkennen, dass ich der Herr bin. Und sie taten also. Als nun dem König von Ägypten gemeldet wurde, dass das Volk geflohen sei, da änderte sich der Sinn des Pharao und seiner Leute gegenüber dem Volke, und sie sprachen: Was haben wir da getan, dass wir Israel haben ziehen lassen, sodass sie uns nicht mehr dienen! Und er liess seinen Streitwagen anspannen und nahm seine Leute mit sich. Er nahm sechshundert auserlesene Streitwagen und alle Streitwagen Ägyptens und Wagenkämpfer auf einem jeden.

Und der Herr verstockte das Herz des Pharao, des Königs von Ägypten, sodass er den Israeliten nachjagte, obwohl sie unter dem Schutze einer hocherhobenen Hand auszogen. So jagten ihnen die Ägypter nach und erreichten sie, als sie am Meere lagerten – alle Rosse der Streitwagen, die Reiter und die Kriegsmacht des Pharao –, bei Pihahiroth gegenüber Baal-Zephon. Als nun der Pharao schon nahe herangekommen war, erhoben die Israeliten ihre Augen, und siehe, die Ägypter zogen hinter ihnen her; da fürchteten sie sich sehr. Und die Israeliten schrieen zum Herrn und sprachen zu Mose: Gab es denn keine Gräber in Ägypten, dass du uns wegführen musstest, damit wir in der Wüste sterben? Was hast du uns da angetan, dass du uns aus Ägypten weggeführt hast! Haben wir dir's nicht schon in Ägypten gesagt: «Lass uns in Ruhe! Wir wollen den Ägyptern dienen»? Denn es wäre uns ja besser, den Ägyptern zu dienen, als in der Wüste zu sterben. Mose aber sprach zum Volke: Fürchtet euch nicht! Haltet stand, so werdet ihr sehen, wie der Herr euch heute helfen wird; denn so, wie ihr die Ägypter heute seht, werdet ihr sie niemals wieder sehen. Der Herr wird für euch streiten, seid ihr nur stille.

Darnach sprach der Herr zu Mose: Was schreist du zu mir? Sage den Israeliten, sie sollen aufbrechen. Du aber hebe deinen Stab empor und recke deine Hand aus über das Meer und spalte es, dass die Israeliten mitten im Meere auf dem Trockenen gehen können. Und ich will dann das Herz der Ägypter verstocken, dass sie ihnen nacheilen, damit ich mich verherrliche am Pharao und seiner ganzen Kriegsmacht, an seinen Streitwagen und seinen Reitern. Die Ägypter sollen erkennen, dass ich der Herr bin, wenn ich am Pharao, an seinen Streitwagen und seinen Reitern mich verherrliche. Da machte sich der Engel Gottes auf, der vor dem Heere Israels einherzog, und trat hinter sie; und die Wolkensäule vor ihnen ging weg und stellte sich hinter sie. Und jener kam zwischen das Heer der Ägypter und das Heer Israels zu stehen. Es geschah aber, dass die Wolke sich verfinsterte; da zogen sie während der Nacht hindurch, sodass während der ganzen Nacht keiner dem andern nahekam. Und Mose reckte seine Hand aus über das Meer, und der Herr trieb das Meer die ganze Nacht durch einen starken Ostwind zurück und legte das Meer trocken; und die Wasser spalteten sich. So gingen die Israeliten mitten im Meere auf dem Trockenen, während die Wasser ihnen zur Rechten und zur Linken wie eine Mauer standen. Die Ägypter aber jagten nach und zogen hinter ihnen her, alle Rosse des Pharao, seine Streitwagen und Reiter, mitten ins Meer hinein. Und um die Zeit der Morgenwache schaute der Herr in der Feuer- und Wolkensäule auf das Heer der Ägypter und verwirrte das Heer der Ägypter; er hemmte die Räder ihrer Wagen und liess sie nur mühsam vorwärtskommen. Da sprachen die Ägypter: Lasst uns vor Israel fliehen; denn der Herr streitet für sie wider Ägypten. Und der Herr sprach zu Mose: Recke deine Hand aus über das Meer, dass die Wasser zurückfluten auf die Ägypter, auf ihre Wagen und ihre Reiter. Und Mose reckte die Hand aus über das Meer, und beim Anbruch des Morgens strömte das Meer in sein Bette zurück, während die Ägypter ihm entgegenflohen, und der Herr trieb die Ägypter mitten ins Meer hinein. Die Wasser strömten zurück und bedeckten die Wagen und Reiter, die ganze Streitmacht des Pharao, die ihnen ins Meer nachgefolgt war, sodass nicht einer von ihnen am Leben blieb. Die Israeliten aber waren mitten im Meere auf dem Trockenen gegangen, während die Wasser ihnen zur Rechten und zur Linken wie eine Mauer standen. So errettete der Herr an jenem Tage Israel aus der Hand der Ägypter, und Israel sah die Ägypter tot am Gestade des Meeres liegen.

2. Mose 13,17–14,30

Ein langer Text! Doch da die Vorgänge, die er mitteilt, nicht gänzlich unbekannt sein dürften, kann ich mich darauf beschränken, drei Punkte herauszuheben.

Erster Punkt:

Jahwe hat sein Versprechen gehalten. Der Tag der Befreiung ist da. Der Pharao muss die Hebräer ziehen lassen. Dieser «Exodus» (Auszug) ist späterhin und bis in die Gegenwart immer wieder als Modell begriffen worden: als Hoffnungsmodell.

Sie wissen, welche Rolle dieser Auszug etwa in den Spirituals der nordamerikanischen Sklaven gespielt hat – weit über die Zeit der Sklaverei hinaus. Bis heute konnte die tatsächliche Gleichberechtigung der Afroamerikaner ja noch nicht erreicht werden. In der Versklavung Israels erkannten und erkennen christliche Afroamerikaner ihre eigene Unterdrückung wieder, und Moses wird zum Prototyp des Anwalts der Schwarzen gegenüber den weissen Unterdrückern. Fatalerweise sind jedoch auch die Unterdrücker «Christen» – im Gegensatz zu Pharao, der Jahwe *nicht* kannte! Die weissen Rassisten hingegen, die den Schwarzen Kirchen, Schulen, Häuser, Quartiere, Bildungswege, Stellen usw. versperren, *kennen* den Gott des Mose, den Gott Jesu! So wundert es nicht, dass viele farbige Amerikaner am Gott der Bibel irre geworden sind. Sie müssen sich fragen: Was gilt denn jetzt? Können sich die Unterdrückten oder die Unterdrücker, die Sklaven oder die Sklavenhalter auf diesen Gott berufen und verlassen? Darum sind manche der kämpferischen Afroamerikaner nicht mehr Christen, sondern Marxisten, wie beispielsweise Angela Davis. Von den USA aus gesehen ist die Unterdrückung in sogenannt sozialistischen Staaten nicht so nahe im Blickfeld wie die von weissen Christen in den USA praktizierte.

Auch ist das Hoffnungsmodell der Befreiung Israels im Denken mancher Christen der Dritten Welt noch immer wirksam. Bischof Helder Camaras Mahnung an uns Schweizer, im Verhältnis zur Dritten Welt nicht länger die «pharaonischen» Interessen der Reichen und Mächtigen, sondern die der Armen und Unterdrückten zu vertreten, ruft uns vom erstarrten Götzengott zurück zum Gott der Emanzipation und Befreiung.

Die Frage, die sich uns stellt, die uns je länger desto dringlicher gestellt wird, lautet: Ist der Gott eures Denkens und Handelns wirklich noch der Freund und Befreier von Sklaven, Zöllnern, Sündern? Oder habt ihr diesen Gott längst gegen einen pharaonischen Götzen von Gott eingetauscht?

Zweiter Punkt:

Gott geht *mit* Israel in die Freiheit. Da ist diese Wolke, die vor Israel einherzieht, Symbol von Jahwes Gegenwart und Schutz.

Ein *mitgehender* Gott – auch das war für jene Zeit neu. Götter blieben in der Regel fest an bestimmte Orte, Berge, Tempel, Könige, Länder gebunden. Zog jemand von einem Land in ein anderes, so war es selbstverständlich, dass auch der Gott oder die Götter gewechselt wurden, wie man heute das Geld von einer Währung in die andere umwechselt. Gott oder die Götter blieben, wo sie waren, zogen also nicht mit ins neue Land.

So abstrus ist diese Vorstellung nicht. Noch heute verhalten wir uns oft so, als sei Gott an Örter gebunden. Für die einen ist dieser feste Standort Gottes vielleicht der Himmel, für die andern die Kirche, «das Gotteshaus» (als wohnte Gott nur hier und ginge nicht in jedes x-beliebige Haus mit!). Doch Jahwe hat keinen Standort wie ein totes Standbild – «Ich werde sein, wo ich sein werde» (vgl. 2. Mose 3,14)!

Er ist der Gott, der *mit*geht, der auch über die Grenzen, von einem Land in das andere, von einem Herrschaftsgebiet in das andere *mit*zieht, weil er nicht Bestandteil bestimmter Herrschaftssysteme, nicht nationales oder politisches Inventarstück ist.

Zu denken ist hier schon an das johanneische Christus-Wort: «Ich bin der WEG, die Wahrheit und das Leben.» (Joh 14,6) Jesus war ebenfalls unterwegs, brach aus dem Bisherigen auf und veranlasste die Jünger, ihm dabei «nachzufolgen» – wie Israel der Wolkensäule folgte!

So geht Gott mit, indem er vorangeht.

Und der dritte Punkt:

Der mitgehende Gott *schützt*!

Der Pharao, plötzlich andern Sinnes geworden, schickt dem davongezogenen, kaum bewaffneten, schwerfälligen Volkshaufen die mobile Streitmacht seiner Kriegswagen, sozusagen seine Panzertruppe, nach, um die Flüchtige wieder zurückzuzwingen. Doch der Versuch missrät. Nach der Durchquerung des Schilfmeers stellt sich die Wolken- und Feuersäule schützend *hinter* Israel und «verwirrt» die Verfolger. Die Wasser steigen wieder, die schweren Kriegswagen versinken in Schlamm und Morast, die Rosse können sie nicht mehr herausziehen, und die Panzerelitetruppe des Pharao bleibt kläglich in Schlamm und Wasser stecken, scheint darin sogar untergegangen zu sein.

Gegen die einsichtslose Gewalt Mächtiger kommt auch Gott nicht immer ohne die Anwendung von Gegengewalt aus – wir wiesen bereits darauf hin. Waren nicht schon die Plagen eine Art Gewaltanwendung? Hier jedenfalls ist die Gewalt unverkennbar. Zu beachten jedoch bleibt: Die Israeliten sind dabei nur Zuschauer. Sie haben kaum Waffen gehabt, waren hilf- und wehrlos. Aber Jahwe sagt ihnen: «Der Herr wird für euch streiten, seid ihr nur stille.»

Zur Wehrlosigkeit der Israeliten gehörte – aus heutiger Sicht – auch der Umstand, dass die Welt von ihnen keine Notiz nahm. *Heute* können wir voneinander wissen. Wir können von der Not der Palästinenser, die sowohl von den Arabern wie von den Israelis im Stich gelassen werden, wissen. Wir wissen nicht nur, was im Nahen, wir wissen auch, was im Fernen Osten passiert, z. B. in Ostpakistan, in Vietnam. Vielleicht wissen wir zwar so gut wie nichts, weil wir an Informationsangst, an Informationsträgheit und an mangelnder Neugier leiden – doch wissen *könnten* wir, wenn wir ernsthaft wollten!

Wir wissen sogar von Einzelnen, nach denen früher kein Hahn krähte. Wir wissen von russischen Intellektuellen, die wegen ihrer Systemkritik in Arbeitslager oder Irrenhäuser gesteckt werden. Wir wissen, dass es den tschechoslowakischen Intellektuellen nicht besser ergeht. Wir wissen von Angela Davis und amerikanischen Farbigen, die unter den seltsamsten Vorwänden verhaftet und eingekerkert werden. Wir wissen von brasilianischen Oppositionellen, die gefoltert werden – wir wissen es, obgleich man einigen von ihnen in der Schweiz das Reden verboten hat.

Dass wir heute solche Dinge wissen können, wenn wir nur wollen, bedeutet, dass wir *Macht* haben. *Mehr* Macht als die Menschen der antiken und mittelalterlichen Welt! *Mehr* Macht als noch unsere Grossväter und teilweise auch unsere Väter. Deshalb dürfen wir unserer Informationsangst oder Informationsträgheit nicht nachgeben mit dem Gedanken: «Der Herr wird schon für diese armen Kerle streiten.»

Ich denke vielmehr, dass uns heute so viel Wissen, so viel Information angeboten wird, damit wir die *Macht* dieses Wissens so einsetzen, wie Gott seine eigene Macht einsetzt, nämlich zugunsten der Wehrlosen, der Verfolgten, der Gefangenen. Gott hat uns gleichsam als seine Helfer und Mitstreiter herangezogen. Er stattet uns mit weltweiten Informationen aus, damit einerseits wir aktiviert werden und andererseits *den Bedrängten* vermehrter Schutz geboten wird. Die Wolken- und Feuersäule hat sich zu einem Teil, so scheint mir, verwandelt in die wachsende «Säule» von Nachrichten und Informationen, die *uns* als Orientierung und die *den Wehrlosen* als minimaler Schutz dienen kann.

Freilich kann diese «Säule» auch verwirren und desorientieren, vor allem, wenn wir die vielen Informationen wahllos aufnehmen. Darum gilt es, aus der Informationsflut auszuwählen, der eigenen Neugier eine bestimmte Richtung zu geben. Wer an den Gott des Mose, an den Gott Jesu glaubt, wird erkennen, dass diese Richtung bestimmt sein muss durch den Einsatz für die Entrechteten, Zukurzgekommenen, Bedrängten, Unterdrückten.

*

Wir brechen hier ab. Die Befreiung ist vollzogen. Jetzt beginnt die wohl noch schwierigere Aufgabe, mit der Freiheit sinnvoll umzugehen. Aber das ist eine neue, eine lange Geschichte, mit einigen Fortschritten und vielen Rückschlägen. Es ist die Geschichte Israels. Es ist die Geschichte Jesu. Es ist die Geschichte der Kirche bis zum heutigen Tag. Und – vor allem! – die Geschichte der *Menschheit*.

Wir treten auf diese Geschichte *jetzt* nicht ein, weil es mir vorerst darum zu tun war, versuchsweise etwas über den Inspirator unserer Befreiung und Freiheit zu sagen – über *Gott*. Ich glaube, dass die ersten Kapitel des 2. Buches Mose wesentliche und zugleich eminent aktuelle Aussagen über Gott, über nötige Korrekturen unserer Gottesbilder und über die Praxis dieses Gottes enthalten, dessen unvergleichlicher Name lautet: «Jahwe» – «Ich bin der Ich bin / Ich werde (da) sein, (als) der ich (da) sein werde.»

(Anfang 1970er-Jahre)

Friede als vielfältige Lebensfülle

Salomo herrschte über das ganze Land jenseits des (Euphrat-) Stromes von Thiphsah bis nach Gaza, über alle Könige jenseits des Stromes, und er hatte Frieden auf allen Seiten ringsum, so dass Juda und Israel sicher wohnten, ein jeder unter seinem Feigenbaum von Dan bis Beerseba, solange Salomo lebte.

1. Könige 5,4.5 (Zürcher Bibel)
1. Könige 4,24.25 (Luther-Bibel)

«Schalom», Friede: So lautet das Zielwort des göttlichen Handelns.

«Schelomo», Salomo: So hiess der dritte und zugleich letzte König Gesamtisraels. Sein Name ist abgeleitet vom Wort «Schalom», Friede. Diese Namengebung hatte zunächst einen besonderen Grund. Nachdem das erste Kind von David und Bathseba krank geworden und gestorben war, nannte David den danach geborenen Sohn Salomo (2Sam 12,15–24), wobei das vermutlich bedeutet «der Unversehrte». Eine der differenzierten Bedeutungen des Wortes «Schalom» ist «Unversehrtheit». Zum Frieden gehört Unversehrtheit. Für Salomo persönlich bedeutete diese Unversehrtheit zunächst körperliche Unversehrtheit, Gesundheit. In der Folge zeigte sich, dass dieses Wort auch für das Volk Israel während der Regierungszeit Salomos passte, insofern Israel unter Salomo von Kriegen unbehelligt, unversehrt blieb.

Salomos Vater David hatte Israel um das Jahr 1000 vor Christus militärisch und politisch zu einem grossen Staat auf- und ausgebaut. So erbte Salomo ein Königreich, das vom Euphrat bis zum Mittelmeer, «von Thiphsah bis nach Gaza» reichte. Er musste keine Kriege mehr führen, sondern «hatte Frieden auf allen Seiten ringsum, so dass Juda und Israel sicher wohnten, ein jeder unter seinem Weinstock und unter seinem Feigenbaum von Dan bis Beerseba, solange Salomo lebte».

Die Überlieferung Israels hat David zu einer Art Modell des messianischen Heilskönigs und seiner Macht stilisiert. Salomo und seine Friedenszeit wurden in der Retrospektive zu einer Art Modell des Schalom, des messianischen Gottesfriedens, stilisiert. Gewiss ein unzulängliches Modell mit groben Konstruktionsfehlern (wie wir später noch sehen werden). Dafür aber ein Modell, das auch in seiner Stilisierung durch die Überlieferung den Schalom zeichenhaft als irdisch-gesellschaftliches Geschehen demonstriert. Auch zeigt dieses Modell, dass der Friede, der Schalom, weit mehr als negativ nur die Abwesenheit von Streit, die Unversehrtheit von Krieg bedeutet. Friede wird im salomonischen Modell vielmehr sichtbar als reiche Entfaltung all unserer Lebensmöglichkeiten im guten Umgang der Menschen miteinander. Das Modell der Salomo-Zeit scheint mir vor allem sechs Hinweise zu enthalten auf die konkrete Lebensfülle, die Gottes Schalom uns verheisst.

1. Hinweis: Salomo wird von der Überlieferung als weiser und gerechter Richter dargestellt. Berühmt geworden ist sein Urteil im Streit zweier Frauen um ein neugeborenes Kind (1 Kön 3,16–28). Diese richterliche Weisheit war von Gott erbetene und gewährte Gabe, denn nach seinem Amtsantritt hatte sich Salomo von Gott in erster Linie Weisheit zur Rechtsfindung und Rechtsprechung erbeten (1Kön 3,4–12).

Das besagt: Zum Schalom gehören grundlegend ein Recht und eine Rechtsprechung, die gerecht, weise und human sind. Friede und Recht sind Zwillinge. So sind auch Glaube an Gott und Leidenschaft für das Recht Zwillinge. Es ist kein Zufall, dass bei den grossen Juristen und Rechtsdenkern unseres Landes, von Carl Hilty bis Max Huber, die Leidenschaft für das Recht in ihrem Glauben begründet war.

2. *Hinweis*: Krieg ist Zerstörung, Friede Aufbau. Deshalb ist der Friedenskönig Salomo ein grosser Bauherr gewesen. Er errichtete den Tempel (1Kön 6), baute Paläste und neue Stadtteile in Jerusalem (1Kön 7,1–12), aber auch in anderen Städten (1Kön 9,19). Gewiss: Es war kein demokratischer Wohnungsbau. Es war ganz und gar königliche Baulust, Architektur als «Imperialkulisse» (Adrien Turel), bezahlt mit dem Frondienst und den Steuern der Untertanen, also mit Unterdrückung (davon wird später noch zu reden sein). Dennoch gilt: Friede hat es auch mit Bauen und «sicher» Wohnen, vielleicht sogar mit «schön» Wohnen (was nicht luxuriös heissen will) zu tun.

3. *Hinweis*: Schalom, Friede ist nicht Mangel und Armut, sondern Fülle und Wohlstand. Darum schildert die Überlieferung Salomo als sagenhaft reich (1Kön 10,14–29). Freilich: Auch dieser Reichtum war, wie übrigens immer und überall zu jener Zeit, der Reichtum nur des Königs und der Seinen, höchstens indirekt, oft aber auch gar nicht, ein Reichtum des Volkes. Das salomonische Modell hat, wie schon gesagt, seine sehr groben historischen und sozialen Konstruktionsfehler, bleibt durchaus unzulänglich. Dennoch erfolgt durch diese Unzulänglichkeit hindurch der Hinweis: Der Friede, den Gott mit uns schaffen will, soll Wohlstand, soll Fülle sein – so bald als möglich nicht nur für einen König, sondern für alle! Vergessen wir nicht: Weltweit gesehen sind heute wir die Könige, gehören wir zu jener privilegierten Schicht der Menschheit, die unter Hungernden im Wohlstand lebt! Mit Salomos Monopolreichtum kritisieren wir zugleich unseren eigenen Monopolreichtum in einer Welt von Armut und Not. Friede aber wird erst, wenn auf dieser Erde alle ausreichend zu leben haben, alle an der Fülle der irdischen Güter partizipieren.

4. *Hinweis*: Der Schalom ist weltweite Offenheit. Dazu gehört eine Vielfalt internationaler Beziehungen wirtschaftlicher, technischer und persönlicher Art. Salomo schloss Verträge mit anderen Königen, liess für seine Bauten Arbeiter und Materia-

lien aus dem Ausland kommen (1Kön 5,15-32; 7,13-50), knüpfte diplomatische Beziehungen nach allen Richtungen an. Diesem Internationalismus diente, nach damaliger Sitte, auch seine Heiratspolitik: Er heiratete erst eine Tochter des ägyptischen Pharao [sic!] (1Kön 3,1), danach - so meldet die biblische Überlieferung summarisch - noch 700 Hauptfrauen und 300 Nebenfrauen, vornehmlich Ausländerinnen (1Kön 11,1.3).

Das ist also keine Angst vor Überfremdung und Rassenvermischung, im Gegenteil: Der Schalom, der Friede zielt über nationale Enge hinaus ins Weltweite, Vorurteile und Schranken fallen. Der Schalom öffnet uns auch für diejenigen, die äusserlich oder innerlich anders sind als wir. Allerdings stellt der biblische Bericht auch hier einen Fehler fest, der Salomo zum Verhängnis geworden sei: Der alternde König wurde dem Gott seiner Väter untreu und begann, von seinen Frauen verführt und ihnen zuliebe, fremden, anderen Göttern zu dienen (1Kön 11,4-13). Dieses Versagen des alten Salomo weist aber auf ein Problem hin, das heute - unter anderen Voraussetzungen - allmählich aktuell werden dürfte: Wie soll sich das Verhältnis der Religionen zueinander - heute der Grossreligionen wie Islam, Buddhismus, Christentum - gestalten in einer Welt der gegenseitigen Achtung, des offenen Austausches und Dialogs? Wie verhält sich Buddha zu Christus oder Allah zum Vater Jesu Christi? Ich muss zugeben, dass ich da noch nicht klar sehe.

5. *Hinweis*: Friede als positive Entfaltung unserer Gaben und Möglichkeiten entbindet schöpferische Kräfte, die über unser Arbeitspensum und Freizeitunterhaltung hinausgehen. Man könnte sie kulturelle Kräfte nennen, wäre «Kultur» nicht ein allzu abgegriffenes und oft missbrauchtes Wort. «Vibration permanente et culturelle» (ungefähr: «dauernde kulturelle Vibration») war eine Parole der Pariser Studenten des Mai 1968. Oder auch «Libérez l'expression!» («Befreit die Ausdrucksfähigkeit!»). In diese Richtung weist das salomonische Modell in der Person Salomo selbst, von dem es heisst: «Und er dichtete dreitausend Sprüche und seiner Lieder waren 1005. Er redete

von den Bäumen, von der Zeder auf dem Libanon bis zum Ysop, der aus der Mauer wächst. Auch redete er von den grossen Tieren, von den Vögeln, vom Gewürm und von den Fischen» (1Kön 4,12–13). Die Freude an der Schöpfung und mit der Schöpfung findet Ausdruck in künstlerischen Schöpfungen («Libérez l'expression!»). Dass die Friedenszeit Salomos als kulturelle Blütezeit galt, zeigt die Bibel selbst, enthält sie doch allerhand Literaturzeugnisse, die den Namen Salomos tragen, auch wenn vielleicht nicht Salomo selbst ihr Autor war. Salomo steht hier einfach als Stichwort für eine literarisch fruchtbare Epoche, bedeutet so etwas wie ein historisches Markenzeichen: Es gibt Psalmen von Salomo, dann vor allem die Sprüche Salomos, den Prediger Salomo, das Hohe Lied Salomos. Das alles sind Hinweise darauf, dass der Schalom auf eine Befreiung der schöpferischen Kräfte im Menschen zielt.

6. und letzter Hinweis: Salomo wurde von der Überlieferung zum grossen Liebenden stilisiert – nicht nur quantitativ, sondern qualitativ! Darum trägt auch das Hohe Lied (genau: das Schönste Lied) seinen Namen: diese Sammlung leidenschaftlicher Liebesgedichte in der Bibel. Im Schalom kommen Liebe und Sexualität zu ihrem Recht und zur vollen Entfaltung. Friedenskultur ist Liebeskultur! Heutige Parolen junger Leute wie «Liebe ist besser als Krieg», «Macht Liebe, nicht Krieg» (*Make Love not War*) artikulieren sozusagen salomonische Weisheit, Weisheit des Schalom. Dass Gott uns Menschen nicht als Freund und Feind zum Krieg, sondern als Mann und Frau zur Liebe geschaffen hat, ist nach dem Schöpfungszeugnis (1. Mose 1,27; 2,23–34) eine Grundkonzeption des Schalom.

*

Die sechs Hinweise der salomonischen Friedenszeit zeigen, dass der Friede, zu dem Gott mit uns unterwegs ist, keine Negation meint, sondern eine Fülle positiver Lebensentfaltungen. Deshalb scheint es mir ein bisschen fragwürdig zu sein, wenn ein «frommer» Sprachgebrauch die Eigenschaft «Frieden» vor allem dem Tod zuschreibt und den stillen Friedhof, wo sich nichts mehr rührt, als Inbegriff reinen Friedens auffassen möchte. «Schalom», Friede, als Zielwort des göttlichen Handelns, zielt jedoch nicht auf einen Endzustand von Friedhofsruhe und Totensonntag, sondern auf Werktage erfüllten, schöpferisch freien Lebens. Zu diesem Schalom sind wir dann unterwegs, wenn wir uns selber und unseren Mitmenschen zur Entfaltung eines guten und lebenswerten Lebens verhelfen. Darum sollten wir für einander nicht wandelnde Vorwürfe, nicht argwöhnische Detektive, nicht heimliche Richter sein. Wir sind dazu berufen, einander Mut zu machen, für einander Verständnis zu haben und einander zur Lebensfreude und Selbstverwirklichung zu befreien. Das ist der Weg, auf den Gott uns ruft, auf dem er uns in Jesus Christus vorangeht— der Gott, der sogar die Toten aus ihrem falschen Frieden wieder aufstören, wieder aufwecken will zum wahren Frieden, der nicht Todesstille, sondern Lebensfülle ist.

(Herbst 1986)

Meine Augen sehen stets auf den Herrn

In der Agenda «Brot für Brüder» und «Fastenopfer» steht heute als Tagesspruch der Satz:

*Wer sich einsetzt,
setzt sich aus.*

Und dazu als Bibelwort aus dem Psalm 25, Vers 15:

*Meine Augen sehen stets auf den Herrn;
denn er befreit meine Füsse aus dem Netz.*

AMEN

Liebe Konfirmanden,
Liebe Gemeinde,

«meine Augen sehen stets auf den Herrn», heisst es also in diesem Psalmwort, im Konfirmandenspruch, aber wie kann man etwas sehen von Gott, wenn er doch unsichtbar ist? Aber so unsichtbar, wie oft behauptet wird, ist Gott auch wieder nicht. Das zeigt das Bild auf dem Konfirmationsschein auf dem Moses auf den Dornbusch, der brennt und doch nicht verbrennt, schaut. Das ist ein sichtbares Zeichen des unsichtbaren Gottes. Das Neue Testament ist dann die gute Nachricht davon, dass der unsichtbare Gott sich vollends sichtbar gemacht hat in Jesus Christus. Das ist auf dem Bild angedeutet mit dem Lamm, dem alten Christus-Symbol. Auf ihn, auf diesen Jesus, kann man sehen, der hat Gestalt und Profil, von ihm wissen wir etwas, wir kennen seine Botschaft und sein Schicksal, dass er um dieser Botschaft willen gekreuzigt worden ist. Daran erinnert das Abendmahl, das wir nachher feiern.

«Meine Augen sehen stets auf den Herrn» – und wenn wir uns dabei eben nun Jesus vor Augen halten, dann können wir feststellen, dass sein Leben und sein Sterben am Kreuz ein einziger Anschauungsunterricht des heutigen Tagesspruches ist: «Wer sich einsetzt, setzt sich aus.»

Er hat sich eingesetzt: für *den* Gott, der Liebe ist. Er hat das nicht nur in unverbindlichen Worten getan. Jesus hat konkret Partei ergriffen für die rechtlosen Gruppen damals, für die Frauen, die Kinder, für die Zöllner, er hat Partei genommen für die sozial Unterdrückten, das arme Landproletariat in Galiläa, er hat Partei genommen für die damals religiös Unterdrückten und Verachteten, für die Samariter zum Beispiel.

Er hat sich also eingesetzt, hat sich dadurch aber auch ausgesetzt der Kritik, der Feindschaft und schliesslich eben einem Gerichtsverfahren wegen Religions- und Gotteslästerung, das dann zur Kreuzigung führte.

«Meine Augen sehen stets auf den Herrn», und wir können nun ergänzen: «... auf den Herrn, der sich eingesetzt und damit ausgesetzt hat.»

Die Unterweisung, liebe Konfirmanden und Konfirmandinnen, ist nun zu Ende. Wir haben über manches gesprochen, und manches werdet ihr wieder vergessen. Aber die Religion, der Glaube, das ist ja nicht etwas, was man fixfertig besitzen kann. Der Glaube wird erst dann lebendig, wenn er sich immerzu wandelt und entwickelt durch all unsere Erfahrungen, Krisen, Fragen und auch Lebensalter hindurch. Nichts ist trauriger als Menschen, die einfach bei ihrem Kinderglauben oder aber bei ihrem Konfirmandenglauben für immer stehen bleiben. Nichts ist trauriger auch als Menschen, die mit den Scheuklappen der Gleichgültigkeit durchs Leben gehen, als kleine Egoisten und Materialisten, die sich nur für sich selber und für ihr eigenes Wohlergehen einsetzen.

Der Glaube aber, der auf Jesus schaut, öffnet alles, was eng ist in uns selber, er sprengt unsere Selbstzufriedenheit, er hebt unsere Selbstgerechtigkeit aus den Angeln, er macht uns offen für andere Menschen.

Und das heisst dann schliesslich: Wer glaubt, setzt sich ein für andere Menschen. Und wer sich einsetzt, setzt sich aus. Der Glaube legt uns nicht auf ein Ruhekissen, er stellt uns Aufgaben, er bringt uns in Schwierigkeiten, in Konflikte. Es kann gar nicht anders sein, weil es ja der Glaube an Jesus ist, der sich eingesetzt hat bis zum Tode am Kreuz.

Dass wir uns mit dem heutigen Gottesdienst einsetzen für die Aktion «Brot für Brüder», soll ein Zeichen dafür sein, dass wir den Glauben ebenfalls als ein Sich-Einsetzen, ein Sich-Engagieren verstehen wollen. «Brot für Brüder» setzt sich ein für mehr Gerechtigkeit gegenüber den benachteiligten Völkern und Volksschichten in der Dritten Welt. Gott, so heisst es in der Bibel, ist unser Vater, wir alle aber sind Brüder und Schwestern. Nur, was ist das für eine Menschheitsfamilie, in der die einen Geschwister im Überfluss, die andern in Hunger und Armut leben? In der die einen alles zusammenraffen, die anderen leer ausgehen? Für den Glauben ist das ein Skandal, eine Herausforderung. Deshalb gibt es diese Aktion, die nicht heisst «Almosen für arme Neger», sondern eben «Brot für Brüder» und das heisst «Gerechtigkeit für die Brüder, für die Schwestern der Dritten Welt».

«Brot für Brüder» war und ist eine immer wieder viel kritisierte Aktivität unserer Kirche. Das ist ein gutes Zeichen, ein Zeichen dafür, dass hier tatsächlich etwas gewagt wird: «Wer sich einsetzt, setzt sich aus.» Wer das begreift, der hat vom Geheimnis, von der Dynamik des christlichen Glaubens schon das meiste begriffen, der kann auch unser Psalmwort begreifen:

«Meine Augen sehen stets auf den Herrn; denn er befreit meine Füsse aus dem Netz.»

Gedacht ist hier an ein Fangnetz, mit dem Vögel eingefangen worden sind. So kanns einem eben ergehen, wenn man sich einsetzt, wenn man etwas tut und wagt: Man gerät in das Fangnetz von Gegnerschaft, sogar Feindschaft. Gott aber – so wird uns hier versprochen – «befreit meine Füsse aus dem Netz».

Liebe Konfirmanden und Konfirmandinnen: Vielleicht beginnt das Sich-Einsetzen und Sich-Aussetzen mit etwas ganz Einfachem und doch oft sehr Schwerem, nämlich mit der Bekämpfung von Vorurteilen. Man hat manchmal Vorurteile gegen einen Mitschüler, gegen einen Kollegen, gegen Nachbarn oder Verwandte. Oder man plappert Vorurteile nach, die man hört, z. B. gegen die Italiener oder die Araber, gegen Mitmenschen, die religiös oder politisch anders denken als wir selber. Ich muss sagen, mich erschüttert und deprimiert es immer wieder, wenn ich all diese Vorurteile höre, die hartnäckig im Umlauf sind. Das ist etwas vom Schlimmsten. Darum haben wir in der Unterweisung ein wenig auch von andern Religionen gesprochen. Auch bei ihnen nämlich gibt es zu lernen für uns. Wir haben als Christen gar keinen Grund, abschätzig von andern Glaubensweisen zu denken, das wäre auch gar nicht im Sinne Jesu. Vorurteile entspringen ja immer dem eigenen Hochmut, der eigenen Selbstgerechtigkeit, manchmal natürlich auch einfach der Dummheit. Darum setzt euch ein gegen die Vorurteile bei euch selber und bei andern. Setzt euch ein für Menschen, denen dadurch Unrecht geschieht. Setzt euch ein, auch wenn ihr euch dadurch euerseits Vorurteilen aussetzt. Auch die Aktion «Brot für Brüder» ist ja immer wieder eine Aktion gegen all die vielen Vorurteile, die es bei uns hinsichtlich der Dritten Welt gibt. Und was ist der Einsatz Jesu anderes gewesen als ein Kampf gegen Vorurteile? Was ist sein Abendmahl als Mahl der Gemeinschaft anderes als eine Demonstration gegen Vorurteile, die uns voneinander trennen?

Vorurteile sind ebenfalls ein Netz, das uns gefangen hält, so dass wir nicht mehr fliegen, nicht mehr weiterkommen können.

Auch in diesem Sinne hat uns unser Psalmwort deshalb etwas zu sagen:

> «Meine Augen sehen stets auf den Herrn; denn er befreit meine Füsse aus dem Netz der persönlichen und der gesellschaftlichen Vorurteile, die mich unbeweglich machen.»

Das ist die Befreiung, die ein lebendiger Glaube schenkt.

AMEN

(9. März 1980)

Geborgenheit bei Gott

Mit seinen Fittichen bedeckt er dich, und unter seinen Flügeln findest du Zuflucht. Du brauchst dich nicht zu fürchten vor den Schrecken der Nacht, noch vor dem Pfeil, der am Tage fliegt.
Psalm 91,4.5

Liebe Gemeinde,

«Geborgenheit bei Gott» – so kann man diese Psalmzeilen überschreiben. Mir scheint, dass sich in letzter Zeit Besuche und Briefe von Menschen häufen, die sich inmitten ihrer Familie und ihrer betriebsamen Arbeit verloren und verlassen vorkommen. Ängste, Misstrauen, Menschenfurcht plagen sie und immer wieder das Gefühl, überfordert zu sein und eines Tages zu versagen – oder bereits versagt zu haben.

Ich denke, wir alle kennen etwas von diesen Ängsten, nur zeigen wir sie nicht und reden nicht darüber. Wir schämen uns unserer Unsicherheiten und Ängste. Dabei ist es aber unter den heutigen Lebensbedingungen wohl gar nicht möglich, anders als eben mit ständig wiederkehrenden Anwandlungen von Angst und Unsicherheit zu leben, weil wir dauernd – und oft bis an die Grenzen der Selbstentfremdung – gefordert, getrieben und beansprucht sind.

Kein Wunder, dass der Verbrauch von Beruhigungs- und Schlafmitteln einerseits und von Aufputschmitteln andererseits immer steiler ansteigt, dass Valium und Librium für die Firma Hoffmann-La Roche in allen Ländern zum grossen Geschäft geworden sind. Wir scheinen dem Leben, so wie es heute mit uns gelebt wird, nicht mehr richtig gewachsen zu sein.

Und jetzt also verspricht unser Psalmwort «Geborgenheit bei Gott».

«Mit seinen Fittichen bedeckt er dich,
und unter seinen Flügeln findest du Zuflucht.»

Das tönt wie bildhafte, blumige Poesie, ist es jedoch nicht. Gott werden nicht Flügel angedichtet, als wäre er ein Überengel. Gedacht ist an etwas sehr Konkretes, nämlich an die Bundeslade im Tempel des alten Israel. Diese Lade war ein vergoldeter Behälter, der zugleich als Thron für den unsichtbaren Gott konstruiert war.

Im Unterschied zu den Nachbarreligionen Israels, wo die Götter auf Thronen sitzend dargestellt worden sind, zeigten die Israeliten nur den leeren Thron Gottes. Sie hüteten sich, Gott auf einen Thronsitz zu fixieren. Sie glaubten an einen Gott, der nicht nur unsichtbar, sondern auch unverfügbar ist. Der leere Gottesthron im Tempel bezeugte diese unverfügbare Gegenwart des Herrn.

Der Thronsitz sah so aus: Auf dem Kastendeckel der Bundeslade waren zwei Kerube, also Engel, angebracht, deren rechtwinklig ausgestreckte Flügel die Rücklehne und die beiden Seitenlehnen des leeren Thrones bildeten. Und das sind nun auch die Fittiche und Flügel, von denen unser Psalm spricht und die ein Zeichen des Schutzes und der Geborgenheit waren. Und das besagt: Hier, im Umkreis von Tempel und Bundeslade, gab es Geborgenheit bei Gott.

Aber längst gibt es keinen Tempel, keine Bundeslade mehr. Darum hat sich im Laufe der Zeit das Bild von den bergenden Fittichen und Schutz bietenden Flügeln verselbständigt. Aus den Flügeln der Kerube auf der Bundeslade entstand die Vorstellung von mächtigen Adlerschwingen. Wir haben es soeben im Lied Nr. 48 gesungen:

«Wie ein Adler sein Gefieder
über seine Jungen streckt,

also hat auch immer wieder
mich des Höchsten Arm gedeckt ...»

Je grösser die Distanz zum altisraelitischen Tempel geworden war, desto mehr hat sich das Bild von den Fittichen und Flügeln gewandelt – und unverkennbar zieht jetzt eine *weibliche* Komponente in das Gottesbild ein. Die Kerube auf der Bundeslade waren – wie alle alttestamentlichen Engel – Männer gewesen. Im gesungenen Lied aber denkt man eher an eine Adler*mutter*, die ihre Jungen schützend unter die Flügel nimmt. Und warum nicht? Warum soll Gott immer nur als Herr und Vater, warum soll er komplementär nicht auch als Frau und Mutter vorgestellt werden? Gewiss: Unzulänglich ist auch diese Vorstellung, aber immerhin balanciert sie die noch einseitigere Vorstellung eines nur männlichen und patriarchalischen Gottes heilsam aus.

Nun: Ob man die Flügel der Kerube auf der Bundeslade (die ursprüngliche Vorstellung) oder an die starken Schwingen einer Adlermutter (die spätere, gewandelte Vorstellung) denkt, in beiden Fällen sind es Bilder für jenen Schutz, für jene Zuflucht und Geborgenheit, die bei Gott zu finden ist.

Wie alles, was Gott schenkt, will aber auch diese Geborgenheit Fleisch werden, drängt auch sie auf konkrete Verwirklichung.

So waren z. B. der Tempel und nach seinem Vorbild dann auch die Kirchen (etwa im Mittelalter) Freistätten, Asylstätten für Verfolgte und Schutzsuchende. Im Umkreis der Bundeslade und innerhalb der Kirchenräume durfte niemand einem Verfolgten etwas antun, hier endeten auch Macht und Zugriff von Behörden und Polizei. Hier fanden die Bedrängten Obdach, Nahrung und Rat. Und insofern waren die schützenden Flügel der Engel auf der Bundeslade nicht bloss ein Symbol, sie signalisierten vielmehr einen sehr realen und konkreten Schutz.

Heute haben unsere Kirchenräume diese Funktion kaum mehr. Umso mehr müsste dafür die christliche Gemeinde ein Zufluchtsort, ein Asyl für Verfolgte und Bedrängte sein! So viel ich sehen kann, finden Bedrängte, Ratlose, Verfolgte heute aber eher Zuflucht und Hilfe in kleinen engagierten Gruppen, Gemeinschaften und Kommunen als unter uns Christen, die wir solche Menschen nur allzu gerne an die Behörden und an die Polizei abschieben, anstatt selber etwas für sie zu unternehmen. Passen wir aber auf: «Geborgenheit bei Gott» könnte sehr leicht zur Parole einer egoistischen Frömmigkeit werden, wenn sie nicht immer wieder lebendig wird in der Geborgenheit, die wir anderen schenken. Auch hier gilt: Wir empfangen in dem Masse, wie wir selber geben. Geborgen ist, wer Geborgenheit schenkt. Dazu noch ein Beispiel zum Schluss.

Letzthin kam ein junger Mann und erzählte mir das folgende Erlebnis, das ihn selber tief bewegt und verändert hat.

Während drei Monaten hat der junge Mann freiwillig als Hilfspfleger in einer psychiatrischen Klinik gearbeitet. Dort gab es einen widerborstigen, bärenstarken Patienten, mit dem niemand so recht fertig wurde. Er mutete den Pflegern zu, ihn abends, nachdem er zu Bett gegangen war, zuzudecken, d. h. die Decke über ihn zu ziehen. Konnte er das denn nicht selber besorgen? Natürlich konnte er. Warum begehrte er dann aber auf und wurde böse, wenn niemand Zeit fand, ihn zuzudecken, so dass man ihm Dämpfungsmittel verabreichen musste? Das alles fragte sich auch der junge Hilfspfleger und nahm sich vor, dem rätselhaft sich betragenden Patienten seinen Wunsch zu erfüllen. Jeden Abend ging er zu ihm hin und zog behutsam die Bettdecke über ihn. Nachdem er das einige Zeit getan hatte, wurde der vorher so schwierige Patient immer ruhiger und zugänglicher. Und nach 50 bis 60 Malen abendlichen Zudeckens war er – zur Verwunderung der Psychiater – wieder ein normaler Mensch, mit dem man vernünftig sprechen konnte. Warum? Das abendliche Zudecken bedeutete dem Kranken Geborgenheit und Schutz. Er hatte das bisher nie erlebt, war mutterlos aufgewachsen, ohne die sinnliche Erfahrung freundlicher Zuwendung und liebevoll sorgenden Schutzes. Jetzt aber hatte er die Erfahrung machen dürfen, dass es das auch für ihn gab: Geborgenheit! Und an dieser Erfahrung gesundete er besser als vorher mit allen Medikamenten. Und der junge Pfleger, der

instinktiv gemerkt hatte, woran es dem Kranken bisher seiner
Lebtag gefehlt hatte, war seinerseits tief betroffen und erlebte
so etwas wie eine religiöse Wandlung. Er erfuhr, dass Geborgenheit, die wir schenken, uns selber eine noch ganz andere, grössere Geborgenheit schenkt! Die Geborgenheit dessen, von dem unser Psalm bezeugt:

> «Mit seinen Fittichen bedeckt er dich,
> und unter seinen Flügeln findest du Zuflucht.
> Du brauchst dich nicht zu fürchten vor den Schrecken der Nacht,
> noch vor dem Pfeil, der am Tage fliegt.»

AMEN

(November 1973)

Wissen und Schmerz

Prediger 1,18: Je mehr Wissen, desto mehr Schmerz. (Zürcher Bibel)

Wer Erkenntnis vermehrt, vermehrt Schmerz. (Diethelm Michel)

Liebe Gemeinde,

durch die Massenmedien wissen wir heute weit mehr über die Vorgänge in aller Welt als noch vor 20 oder 30 Jahren. Das Angebot an Information ist so gross, dass wir es nicht mehr bewältigen und verdauen können. Die Folge dieses grossen Angebots ist eine Art Selbstzensur: Wir nehmen, wenn möglich, nur noch das zur Kenntnis, was uns angenehm ist, was uns in einmal gefassten Meinungen und Haltungen bestätigt. Andere Informationen lassen wir von uns abgleiten, nehmen sie nicht zur Kenntnis oder verdrängen sie.

Hinter dieser Selbstzensur, mit der wir uns wie instinktiv selber schützen, steckt die Erkenntnis, wie sie der alttestamentliche Autor, den wir «den Prediger» nennen, formuliert hat: «Je mehr Wissen, desto mehr Schmerz.» Andere haben gesagt: «Wissen macht glücklich.» Auch das kann wahr sein, wenigstens teilweise. Wahrscheinlich *nur* teilweise. Es gibt ja auch die Gegenaussage: «Nur Dumme sind glücklich.» Der Dichter Gottfried Benn hat uns die Zeile hinterlassen: «Dumm sein und Arbeit haben, das ist das Glück.» Vermutlich sind das nur relative Wahrheiten. Glück und Unglück sind ohnehin relative und subjektive Begriffe, die man schwerlich verallgemeinern kann.

Der Begriff «Schmerz» ist schon etwas präziser. «Je mehr Wissen, desto mehr Schmerz.» Wenn wir in den Mittagsnachrichten Katarstrophenmeldungen hören, so essen wir nur deshalb weiter, weil wir entweder schon abgestumpft sind oder unsere Vorstellungkraft automatisch ausgeschaltet haben. Ein Flugzeug ist abgestürzt, Bomben sind abgeworfen worden, Leute sind hingerichtet worden usw.

Wir können nur deshalb weiter essen, weil wir die sachliche Meldung, die Worte hören, ohne uns vorzustellen, was alles an Leid und Entsetzen hinter den Meldungen steht. Würden wir uns das vorstellen, so könnten wir nicht mehr weiter essen. Unser eigenes Entsetzen, unser eigener Schmerz wäre zu gross. «Je mehr Wissen, desto mehr Schmerz.» Tatsache aber ist, dass wir uns um unser selbst willen wehren müssen. Darum lassen wir die Meldungen an uns abgleiten. Schliesslich müssen wir leben. Und um leben zu können, müssen wir essen. Und um essen zu können, müssen wir unsere Vorstellungskraft betäuben, den Schmerz des Wissens und Mitwissens verdrängen. Das ist nicht anders möglich. Anderseits aber droht die Heraufkunft eines Menschenschlags, dessen Vorstellungsfähigkeit verkrüppelt, dessen Fähigkeit zum Mitleiden, zum Schmerz, zu einem guten Teil abgetötet ist. Man hat im Kino oft allen Grund zu erschrecken, wenn man hört, an welchen Stellen eines Filmes oft gelacht wird: Es sind nicht selten die tragischsten und brutalsten Szenen, die eigentlich zum Heulen sind.

Ich muss zugeben: Ich weiss nicht, wie man dem Dilemma entrinnen kann. Einerseits müssen wir uns schützen, müssen wir uns um unserer Selbsterhaltung willen einen Panzer wachsen lassen. Anderseits helfen wir dadurch selber mit, einen unempfindlichen, abgestumpften Menschentypus heranzuziehen. Ich kann für dieses Dilemma keine Lösung anbieten. Ich kann auf das Dilemma nur hinwiesen, damit es uns bewusst wird. Und ich bin mir klar, dass gerade das Wissen um dieses Dilemma den Schmerz wiederum vermehrt. «Wer Erkenntnis vermehrt, vermehrt Schmerz», übersetzt Diethelm Michel unsere Stelle.

Darum sind jene Arten von Information und Rede, auch von Predigt, am beliebtesten, die statt Erkenntnis Vernebelung, statt Wissen Beschwichtigung vermitteln. Niemand ist schliesslich auf Schmerz erpicht.

Und doch können wir das Wissen, die Erkenntnis nicht einfach abschütteln. Der Mensch ist nun einmal nach einem bestimmten Gesetz angetreten, und er muss den begonnenen Weg weitergehen. Dieser Weg ist – einfach gesagt – dadurch gekennzeichnet, dass der Mensch um seine Zukunft weiss, und das heisst, um seinen Tod weiss.

Man kann zwar sagen mit Balzac «La mort est certaine – oublions-la!» Doch gerade dieser Entschluss, den kommenden Tod zu vergessen, setzt das Wissen, das Bewusstsein seiner Unausweichlichkeit bereits voraus.

Die Erkenntnis, dass auch ich werde sterben müssen, ist ein Grundmuster aller Erkenntnis, allen Wissens des Menschen über sich selbst. Und von dieser Grunderkenntnis lässt sich sagen, was im Prinzip von aller Erkenntnis gilt: «Je mehr Erkenntnis, desto mehr Schmerz.»

Es ist kein Zufall, dass wir dem Sterben, dem Tod aus dem Wege gehen. Heutzutage wird meistens im Spital gestorben. Das ist nichts anders möglich. Auch erspart es uns Hinterbliebenen viel Schwierigkeit. Es gibt längst erwachsene Menschen, die z. B. noch nie einen toten Menschen gesehen haben, geschweige denn einen Menschen haben sterben sehen.

Andererseits frage ich mich, wie es Sterbenden zumute ist, die in einem anonymen Spitalzimmer, in gänzlich fremder Umgebung, ihre letzten Ängste und Kämpfe bestehen müssen.

Auch der Tod wird uns in unseren städtischen Verhältnissen mit ihren wohlgeordneten Bestattungswesen tunlichst vorenthalten. Die Lebenden begegnen ihm kaum mehr, sehen keinen Sarg, keinen Leichenzug mehr. Irgendwo wird der Sarg bis zur Beerdigung oder Kremation aufbewahrt. Das kann wohl nicht anders sein. Aber eben: Damit ersparen wir uns die Konfrontation mit dem Tod mitten im alltäglichen Leben. Wir ersparen uns den Schmerz der Erkenntnis: Einmal wirst auch du gestorben sein. Wir verdrängen mit dem unangenehmen Schmerz auch die zunächst unangenehme, vielleicht aber doch heilsame Erkenntnis.

In einem Walliser Dorf ist dieser Tage ein Mann beim Holzfällen getötet worden. Bis zu seiner Beerdigung halten Männer des Dorfes an seinem Sarg abwechslungsweise Wache. Das mag auf alte, abergläubische Vorstellungen zurückgehen. Aber immerhin: Hier geht man dem Tod nicht aus dem Weg. Im Gegenteil: Mitten in der Nacht stehen die Männer auf, um sich bei der Totenwache abzulösen. Der Tod des Mitbürgers wird nicht eilig verdrängt. Man setzt sich dem Schock, der Trauer, dem Schmerz, dem eigenen Nachdenken aus. Und nun glaube ich: Gerade das hat etwas Heilsames. Wer dem Schmerz des Wissens, der letztlich ein Wissen um unser Sterben ist, nicht ausweicht gewinnt durch eben diesen Schmerz.

Die Erkenntnis unserer Sterblichkeit, unserer Verletzlichkeit und Bedrohtheit, dazu das Wissen um die Nöte und Probleme dieser Welt – das alles weckt in uns die Frage nach dem Sinn des Ganzen, nach den Sinn unseres Lebens.

«Je mehr Erkenntnis, desto mehr Schmerz» – das heisst doch wohl: Wir können nicht blindlings in den Tag hineinleben. Das könnte nur, wer keine Fragen hat, keine Fragen stellt, wer nichts weiss und nichts erkennt. Aber so blindlings kann nun einmal niemand in den Tag hineinleben. Vielleicht werden wir die Frage nach dem Sinn nie befriedigend beantworten können. Keiner von uns ist sicher, dass er am Ende seines Lebens nicht auch sagen muss, was der grosse Dichter Ezra Pound, der im letzten November starb, gesagt hat: «Es ist alles sinnlos gewesen.» Hat nicht auch Jesus am Kreuz die Frage nach dem Sinn wie verzweifelt ausgestossen mit den Psalmworten: «Mein Gott, mein Gott, warum hast du mich verlassen?» Unsere Erkenntnis, unser Wissen bleibt nach Paulus bestenfalls Stückwerk. Darum gilt erst recht: «Je mehr Erkenntnis, desto mehr Schmerz darüber, dass alles nur Stückwerk und unzulänglich bleibt.»

Dennoch wagt der Glaube das Wissen, wagt der Glaube die Erkenntnis und nimmt den Schmerz auf sich, weil er an das

Ganze, an Gott glaubt, an den verborgenen, an die verborgene Zukunft Gottes in allen Dingen und Menschen.
   AMEN

(Februar 1973)

Solidarität

Und es begab sich in jenen Tagen, dass Jesus von Nazareth in Galiläa her kam und sich von Johannes im Jordan taufen liess. Und wie er aus dem Wasser emporstieg, sah er, dass die Himmel zerrissen und der Geist wie eine Taube auf ihn herabkam, dazu eine Stimme aus den Himmeln: Du bist mein geliebter Sohn, dich habe ich auserkoren. Und sogleich treibt ihn der Geist in die Wüste hinaus. Und er war in der Wüste, vierzig Tage versucht vom Satan. Und er war mit den Tieren, und die Engel dienten ihm.

Markus 1,9–13

Wir wissen wenig bis nichts über die 30 ersten Lebensjahre Jesu. Wir wissen nur, dass er unauffällig, sozusagen anonym herangewachsen und in Nazareth Zimmermann geworden ist.

Ich liebe diese 30 Jahre, in denen Jesus, ohne Aufsehen zu erregen, zuerst als Knabe unter Knaben, dann als Lehrling, schliesslich als Bürger unter Bürgern im kleinen Nazareth lebte. Ich liebe diese 30 Jahre, in denen er lebte wie wir.

Heute, wo die Frage nach der weltlichen Existenz des «Laien»-Christen im Vordergrund kirchlicher Besinnung und Diskussion steht, würde uns die «weltliche» Existenz des Zimmermanns in Nazareth natürlich brennend interessieren. Wie verhielt er sich konkret zur Familie, zur Umwelt, im Beruf? Hatte er Freunde, Freundinnen? Waren seine Kunden zufrieden mit ihm? Was trieb er in seiner Freizeit? Wirkte er in der Synagoge mit und wie? Törichte Fragen natürlich, auf die die Quellen keine Antwort geben. Man versuchte, dieses Schweigen der Evangelien mit Legenden aufzufüllen. Das ändert jedoch nichts daran, dass Jesu «weltliches» Leben, als «Laie» in Nazareth, nicht zum Christuszeugnis der Evangelien gehört. Oder, genauer: Jesus, «der Laie», gehört nur insofern ins evangelische Glaubenszeugnis, als summarisch festgestellt wird, dass er Zimmermann war, in Nazareth lebte, anonym wie der «laos», das Volk, zu leben pflegt, durch nichts weiter identifizierbar als durch seinen Namen, die Namen der Eltern, Anzahl und Namen seiner Geschwister (Mk 6,3). Kein Übermensch, kein religiöses Genie, kein Göttersohn in menschlicher Tarnung, sondern einer unter andern, einer wie viele, einer wie wir.

Zur heute in der Kirche aktuellen Laienfrage ergibt sich daraus immerhin dies: Der Weg Gottes in unsere Welt führt nicht über Kleriker, Schriftgelehrte und Theologen, sondern über den *Laien* Jesus! Längst vor ihrer Neuentdeckung war die «Mündigkeit des Laien» im Laien Jesus als göttliche Tat vollzogen. Wohl wurde sie durch die Geschichte der Kirche und der christlichen Gesellschaft immer wieder klerikal vernebelt, blieb aber als Einbruchstelle Gottes in Erinnerung, z. B. in den häretischen oder halbhäretischen Bewegungen der Kirchengeschichte.

Dass uns über die Art und Weise, *wie* Jesus als «Laie» lebte, nichts überliefert ist, dürfte nicht nur Zufall sein. So nämlich kann uns sein (kaum bekanntes) Verhalten in Familie, Beruf, Gemeinde nicht als kopierbares Existenzmodell dienen. Dank dem weisen Schweigen der Quellen ist es unmöglich, einen «nazarenischen» Lebensstil zu kreieren. Der «Laie» hat deshalb die Freiheit (und eben: Mündigkeit!), sein Leben und seinen weltlichen Gottes-Dienst selbständig, original und idiorhythmisch (nach eigenem Lebensrhythmus) zu gestalten. Diese Freiheit ist vielleicht die eigentliche Verlegenheit und Schwierigkeit heute in der «Laienfrage». Sie macht ratlos, ist auch gefährlich, will sich keinen Rezepten und Parolen fügen (und darf dies auch nicht!), erfordert aber gerade deshalb Umkehr: nicht Umkehr zu vorhandenen oder beliebig neu entworfenen Verhaltensmodellen, sondern Umkehr zu Gott. Zu *dem* Gott, der Mensch und als Mensch Laie geworden ist, um in den Laien, in uns, seinen Weg in die Welt weiter zu suchen und weiter zu gehen.

Als «Laie» also, als einer von uns, lässt Jesus sich von Johannes taufen mit der Busstaufe «zur Vergebung der Sünden» (Mk 1,4).

Nach dem Bericht des Matthäus soll der Täufer freilich protestiert haben: *Du* müsstest mich taufen – nicht ich dich! Bezeugt das Neue Testament nicht in der Tat Jesu *Sündlosigkeit* (z. B. 2Kor 5,21)? Warum unterzieht er sich trotzdem der Sündertaufe? Jesus antwortete dem Täufer: «Lass es jetzt geschehen; denn so gebührt es uns, alle Gerechtigkeit zu erfüllen.» (Mt 3,15) Was heisst das? Offenbar dies, dass alle Gerechtigkeit Gottes ihren Ursprung und ihr Geheimnis in diesem einen Entschluss hat: den, der von keiner Sünde wusste, für uns zur Sünde zu machen (z. B. 2Kor 5,21). Indem Jesus zusammen mit Sündern eintaucht in den Jordan, taucht er ein in den Strom unserer Schuld, in diesen breiten zerstörerischen Strom, der am Kreuz über ihm zusammenschlagen wird. Das ist, ich gebe es zu, bildlich geredet. Aber es soll ein Bild für die Sache sein, um die es hier geht. Und diese Sache heisst: *Solidarität.* Was die 30 stillen Lebensjahre uns indirekt bezeugen, zeigt Jesus hier direkt und eindeutig: Er will sich nicht von uns abheben, sich nicht von uns distanzieren, im Gegenteil, er solidarisiert sich: nicht nur mit unserer «condition humaine» (André Malraux), sondern, was noch weit mehr ist, mit unserer Schuld! Nicht erst am Kreuz, schon hier am Jordan, übernimmt er unsere Schuld. Darum sein Hinweis auf «Gottes Gerechtigkeit»: Die Ausleger lehren uns, dass dieser alttestamentliche Begriff tatsächlich soviel wie « Solidarität Gottes mit seinem Volke» (mit dem «laos»!) bedeutet. Deshalb sieht Gott in der solidarischen Sünder- und Busstaufe Jesu denn auch seine «Gerechtigkeit» erfüllt, öffnet den Himmel über ihm, vergewissert ihn seiner väterlichen Bejahung durch eine kleine, einfältige Taube und urteilt: «Du bist mein geliebter Sohn, dich habe ich auserkoren!»

Markus berichtet: «Und sogleich treibt ihn der Geist in die Wüste hinaus.»

Die Wüste: damals Ziel aller frommen Weltflucht! Wer immer vom Treiben der Welt müde und angewidert war, ging in die Stille und Einsamkeit der Wüste, so etwa, wie wir in die Stille der Berge fliehen. Wer's wirklich ernst meinte, machte aber nicht bloss einen Weekendausflug, er zog sich für längere Zeit oder für immer in die Wüste zurück, allein oder in Gruppen oder in ein Wüstenkloster, um dort ungestört seiner religiösen Selbstvervollkommnung zu leben. Nun aber zeigt sich: Wo man sich der schlimmen Welt am weitesten entrückt glaubt, ist Satan ebenso nahe wie Gott. Der Weg in die fromme Selbstisolierung der Wüste führt nicht ins Heil, sondern in noch schärfere Versuchung: «Und er war in der Wüste, vierzig Tage versucht vom Satan.»

Versuchungswüste ist jedoch mehr als eine bestimmte Landschaft. Vielleicht leben auch wir, mitten im grünsten Mittelland, in ihr. In den Fragen zum Zehnjahresbericht, die unser Synodalrat allen Kirchgemeinderäten vorgelegt hat, wird auch gefragt, ob das Problem von Krieg und Frieden unsere Kirche in den letzten zehn Jahren bewegt habe. Unser Kirchgemeinderat antwortete darauf: «Die Frage von Krieg und Frieden bewegt die Kirche wenig. Die Hochkonjunktur überschattet sie.» Das ist ehrlich und richtig geantwortet. Aber was für ein gespenstischer Zustand! Ringsum in der Welt ist die Frage von Krieg und Frieden in den letzten zehn Jahren und bis heute die entscheidende Frage gewesen, die Lebensfrage schlechthin! Doch wir müssen gestehen: Uns hat diese Frage wenig bewegt. Heisst das nicht, dass wir kirchlich in der Wüste leben, fern von dem, was die Welt umtreibt und bedroht?

Und während wir uns um diese Weltfrage in frommer Selbstisolierung nicht kümmern, heisst die Atombombe in Japan «die christliche Bombe», wird in Algerien der dortige Krieg als «christlicher Krieg» bezeichnet!

Wir aber stecken den Kopf in unsern christlichen Wüstensand und merken nicht, dass Satan uns längst am Schwanz gepackt hat. «Da kommen sie, die Lumumbisten» hörte ich einen älteren Herrn im Spass zwei distinguierten Damen entgegenrufen. Ebenso fröhlich erwiderte die eine von ihnen: «Ja gelt, jetzt ist er weg.» Das war am gleichen Tag, als die Ermordung Lumumbas in den Zeitungen stand. So tief in der Wüste sind wir im Obstbergquartier. Da kann man wirklich nur noch beten, wie es Pfarrer Lüthi kürzlich tat: «Herr, gib, dass die Afrikaner nicht auch so werden wie wir!»

Wir merken ja gar nicht, wie weltfern, wie versucht, der Versuchung schon erlegen, wir in der Wüste unseres Wohlstands sind. Jesus damals, ohne Selbsttäuschung, war nicht blind, sondern sehend und sensibel für die feinsten Schliche des Versuchers. In 40 Wüstentagen wurde er erfolglos versucht. «Und er war mit den Tieren, und die Engel dienten ihm.» Das deutet, zum Abschluss, eine paradiesische, sozusagen adamitische Situation an: Adam *vor* dem Sündenfall! Und damit wird angedeutet, dass mit Jesus der zweite Adam (Röm 5,12 ff.) da ist, der mit der bestandenen Versuchung den Ausblick auf eine neue, paradiesische Welt eröffnet.

Ein Ausleger bemerkt nun freilich, das Zusammensein mit Tieren und Engeln habe, trotz seiner friedlichen Schönheit, die Einsamkeit Jesu nur härter gemacht. Kein Tier, nicht einmal die Engel, ja nicht einmal Gott selber konnte dem ersten Adam den Mitmenschen ersetzen: «Es ist nicht gut, dass der Mensch allein sei.» (1. Mose 2,18) So ist es auch mit Jesus, dem neuen Adam. Deshalb kehrt er aus dem Frieden der Engel und Tiere zurück in den Unfrieden der Welt, aus dem Paradies zurück unter Lumumbisten und Anti-Lumumbisten, die ihn umbringen werden. Statt sich in der Wüste wie ein Wüstenheiliger oder wie die Frommen im Wüstenkloster Qumran der Selbstvervollkommnung zu widmen, wählt er jetzt erst recht, in kompromissloser Fortsetzung der mit seiner Taufe eingeschlagenen Richtung, den Weg der Solidarität. Er kehrt zurück, er stellt sich der Welt, weil nicht Flucht vor ihr, sondern ihre Veränderung sein Ziel ist. Er kehrt zurück und stellt sich uns Menschen, weil er einer von uns ist und noch mehr als das: weil er *der* Eine *für* uns ist!

Man hat ihn am Karfreitag noch einmal und diesmal in die schlimmere und definitive Wüste des Todes vertrieben. Doch selbst aus dieser Wüste ist er zu uns zurückgekehrt. Er lässt sich von uns und unserer Zukunft nicht trennen, weder durch den Teufel, noch durch Engel, noch durch den Tod. Er bleibt solidarisch mit uns.

(Mitte 1960er-Jahre)

Der alles gut macht

Und nachdem er das Gebiet von Tyrus wieder verlassen hatte, kam er über Sidon an den Galiläischen See mitten in das Gebiet der Zehn Städte. Und sie brachten ihm einen Tauben und Stummen und flehten ihn an, ihm die Hand aufzulegen. Und er nahm ihn von dem Volk beiseite und stiess die Finger in seine Ohren und netzte ihm die Zunge mit Speichel, blickte zum Himmel auf, seufzte und sprach zu ihm: Ephata, das heisst: Sei aufgetan! Da tat sich sein Hören auf und die Fessel seiner Zunge löste sich, und er redete richtig. Und er gebot ihnen, niemandem etwas zu sagen; soviel er ihnen aber gebot, um soviel mehr machten sie's kund. Und sie erschraken über alles Mass und sprachen: Alles hat er gut gemacht, und die Tauben macht er hören und die Stummen reden.

Markus 7,31–37

Immer wieder diese Wundertaten Jesu! Ich gebe zu, dass sie mir Schwierigkeiten machen. Nicht weil ich meine, Wunder seien zum vornherein unmöglich. Welche Erkenntnis würde uns ermächtigen, kurzweg die Unmöglichkeit von Wundern zu behaupten? Weder die Medizin noch die Naturwissenschaften sind so primitiv, derartige Behauptungen zu lancieren. Je weiter diese Wissenschaften vordringen, je differenzierter ihre Methoden und Erkenntnisse werden, desto weniger setzen sie so voreilige Behauptungen in die Welt, wie sie etwa im letzten Jahrhundert, im Rausch erster Fortschritte, noch keck und kühn gewagt wurden. Wenn wir nicht von *unseren* Erkenntnismöglichkeiten, sondern von *Gott* her denken, bei dem alle Dinge möglich sind: Warum sollten Wunder grundsätzlich unmöglich sein?

Wenn ich mir aber vorstelle, dass ich Zeuge eines solchen Wunders wäre, ich weiss nicht, wie ich reagieren würde. Ich habe einmal solche angebliche Heilungswunder, die ein amerikanischer Sektenprediger im Hallenstadion in Zürich bewirkte, mitangesehen. Er heilte – angeblich – Krebskranke und überhaupt mit Vorliebe Leute, die an Krankheiten litten, die äusserlich nicht sichtbar waren. Aber auch einen humpelnden Mann hat er geheilt, so dass dieser zum Verlassen der Bühne keinen Stock mehr brauchte. Das alles war aber so unheimlich, so – ich möchte fast sagen – dämonisch, dass ich nichts als Abscheu empfand und dem Wundertäter nichts glaubte: weder das, was er sagte, noch das, was er tat. Es war von A bis Z eine ungute Sache, und später hat dann eine medizinische Nachprüfung der angeblich geheilten Fälle ergeben, dass die Wirkung des Wundertäters nur suggestiv gewesen sein musste. Die angeblich Geheilten wiesen nach kurzem wieder den genau gleichen Befund auf wie vorher.

Nun muss man sich klar sein, dass es auch zur Zeit Jesu verschiedene Wundertäter gegeben hat, die vielleicht zum Teil ebenfalls Betrüger oder Suggestoren gewesen sind, von denen aber andererseits auch sogenannt «echte» Wunder berichtet werden. Also: Wie hätte ich selbst als Zeuge eines Wunders Jesu reagiert? Zu vermuten ist: Ich wäre, wie hier von den Zeugen berichtet wird, «erschrocken», wäre verwirrt gewesen, so verwirrt, dass auch ich, ungeachtet des Verbots Jesu, den Fall mit anderen diskutiert, ihn damit weitererzählt hätte. Aber ich traue mir nicht zu, dass ich von Stund an an Jesus geglaubt hätte. Ein Wunder lässt zu viele Fragen offen, als dass meine Skepsis hätte überwunden werden können.

Andererseits muss ich zugeben: Ich habe einmal erleben dürfen, was man ein Wunder nennen könnte. Ein todkranker Jüngling, von den Ärzten aufgegeben, von den Betern in der Gemeinde jedoch nicht abgeschrieben, wurde gesund und lebt heute vergnügt sein Leben. Ich meine, dass in diesem Falle eine

Wundertat, ein Eingriff Gottes vorgelegen hat. Doch diese Meinung teilen mit mir nur jene, die für den Todkranken gebetet haben. Für die anderen war es kein Wunder, sondern ein Rätsel. Alles Auffällige, Sensationelle fehlte. Für mich ein Grund, hier ein Wunder anzunehmen, dort aber, wo es auffällig und plötzlich zugeht, skeptisch zu bleiben. Deshalb bin ich nicht sicher, wie ich angesichts der hier berichteten Wundertat Jesu an dem Taubstummen reagiert hätte.

In solcher Unsicherheit und Skepsis ist es mir eine Hilfe, dass aus den Berichten des Markus immer wieder hervorgeht, dass Jesus seine Wundertaten offenbar nicht für «die Galerie», d. h. nicht für die Zuschauenden getan hat. Es ging ihm nicht um Demonstrationen seiner Macht, es ging ihm darum, einem in seiner Existenz verkürzten Menschen so rasch und so radikal wie möglich zu helfen, ihm Lebensfülle zu schenken. Darum nimmt er hier den Taubstummen «von dem Volk beiseite». Ich erlaube mir allerdings auch die Frage: Woher wusste man eigentlich, dass Jesus dem Mann die Finger in seine Ohren stiess und ihm die Zunge mit Speichel netzte? Wenn er ihn wirklich beiseite nahm, konnte doch wohl niemand so genau sehen, wie die Heilung vor sich ging. Möglich ist höchstens, dass der Taubstumme es später selber erzählte. Aber seltsam berührt diese Handlung Jesu doch, zumal wenn man bedenkt, dass er sonst nicht derart umständlich und handgreiflich, sondern durch einen kurzen Befehl, höchstens durch einfache Handauflegung, zu heilen pflegte.

Wie immer man die Zuverlässigkeit des hier Überlieferten beurteilen mag: Vermutlich will unser Bericht zeigen, dass Jesus auch einem Taubstummen gegenüber sich mitzuteilen weiss, die angemessene Gebärde der Hilfe und Liebe zu finden wusste. Und dass Jesus jedem Menschen gegenüber nicht nur das richtige Wort, sondern auch die richtige, helfende Haltung und Gebärde fand, darüber dürfte wenig Zweifel bestehen. Wenn Gott sich in Jesus uns liebend zuwendet, bleibt diese Liebe nicht blosse Gesinnung, nicht blosse Innerlichkeit: Sie weiss sich zu äussern, sie wird mehr als einfachhin «Fleisch» (1Joh 1,14), sie wird Gestus, Gebärde! Und ich denke, dass sich auch bei uns die Liebe nicht allein in der Gesinnung, bestenfalls in Worten, sondern immer auch in der gerade hilfreichsten, gerade «sprechendsten» Gebärde äussern müsste – z. B. schon in der Art, wie wir einander grüssen oder wie wir z. B. an ein Krankenbett treten. Der Heilige Geist zeigt seine Präsenz auch darin, dass er uns die echte «Geistes»-gegenwärtige Gebärde eingibt, die Befangenheit und Fremdheit zu überbrücken vermag.

Gerade an Krankenbetten will der Heilige Geist der liebenden Gebärde, der unbefangenen Solidarität erbeten sein. Als Pfarrer – aber nicht nur als Pfarrer – steht man ja immer wieder hilflos vor dem Kranken. Die Krankenheilungen Jesu gehen einem durch den Kopf. Aber wenn man dann aus der Bibel vorliest, so hütet man sich, gerade eine solche Geschichte vorzulesen. Und eben dies, dass wir keine der evangelischen Heilungsgeschichten einem Kranken vorzulesen wagen, manifestiert unsere Verlegenheit, wird uns zur Hemmung. Wir schämen uns fast, statt Heilung nur Worte, nur Vertröstung und Zuspruch spenden zu können.

Umgekehrt aber: Wie verheerend, wie zutiefst fatal wäre es, wenn die Gabe der Krankenheilung eine uns verfügbare Fähigkeit wäre! Wir wären ja gar nicht in der Lage, diese Vollmacht recht zu gebrauchen, dieser Verantwortung gewachsen zu sein. Darum wird es gut sein, dass wir nicht als Wundertäter an die Krankenbetten treten können (treten müssen!), sondern als solche, die ebenso ohnmächtig, krankheitsanfällig und sterblich sind wie der Patient, selber Patientkandidat und deshalb notwendigerweise demütig und verzagt. Und es wird gut sein, dass wir nur gerade von Jesus wissen, dass er mit seinen Wundern keinen Schaden, sondern nur Heil gestiftet hat – und, im Verborgenen, immer noch stiftet!

Der alte Johann Caspar Lavater hat dazu einmal klug und anschaulich geäussert: «Wie jede souveräne Obrigkeit das Regale des Münzrechtes hat und gute Münze schlägt und kraft dieses Regale die Falschmünzerei als ein Verbrechen gegen das Volk und sich selbst straft, so hat der Gott Israels und

Jesu Christi das Regale der Wunderkraft, der Weissagung, der Gesichtssendung, der Träume. Und jeder wird als Staatsverbrecher und Volksverführer angesehen, der ohne ihn und hinter ihm sich mit der Falschmünzerei von Wundertaten und Visionen abgibt.»

Ich wiederhole: Jesus hat seine Krankenheilungen nicht als Demonstrationen für ein Publikum gewirkt, sondern als Guttaten an den Kranken, um ihnen langentbehrte Lebenskraft und -fülle neu zu schenken. Jesus hat vermutlich auch gesehen, dass er mit diesen Heilungen wohl Erstaunen, Erschrecken, auch Jubel und Bewunderung erregte, aber dass sie z. B. seine Gegner nicht überzeugen konnten, ja dass sie auch bei seinen «Anhängern» keineswegs das bewirkten, worauf es ihm ankam: Umkehr, Busse, Lebensänderung. Darum kam er schliesslich dazu, jedes Wunder im Sinne eines demonstrativen «Zeichens» zu verweigern und nur noch *ein* «Zeichen» in Aussicht zu stellen: «das Zeichen des Propheten Jona. Denn wie Jona drei Tage und drei Nächte im Bauch des Meerungetüms war, so wird der Sohn des Menschen drei Tage und drei Nächte im Schoss der Erde sein.» (Mt 12,39–40)

So bleibt uns, als Abschluss der Wundertaten, Machttaten Jesu, als ihre Krönung und zugleich als ihre in die Zukunft weisende Quintessenz das «Zeichen» des Todes und der Auferweckung Jesu. Dieses *eine* Zeichen zeichnet am Horizont der Zukunft das Neue ab, die Herrschaft Gottes, die Heil *und* Heilung im umfassendsten Sinne bringt und worauf alle Heilungswunder der Evangelien hinweisen. So auch das hier am Taubstummen geschehene.

«Alles hat er gut gemacht», lautet der Kommentar. Darin meldet sich in dürren Worten bereits der Glaube an, der bekennt: «Alles wird er gut machen», wobei «gut» nicht nur moralisch, sondern im Sinne von «heil», «gesund» zu verstehen ist. Die kommende Herrschaft Gottes bringt Lebensfülle, ist Leben im Vollsinn dieses Wortes. Wie in seiner Verkündigung, so legitimiert sich Jesus auch in seinen Machttaten als «Heiland», als «Gesundmacher», als Fürst und Anfänger des

Lebens (Apg 3,15). Deshalb hat er uns beten gelehrt: «*Dein* Reich komme!»

(Mitte 1960er-Jahre)

Passion als Aktion

Und Jesus zog samt seinen Jüngern fort nach den Dörfern bei Cäsarea Philippi, Und auf dem Wege fragte er seine Jünger und sprach zu ihnen: Für wen halten mich die Leute? Da sagten sie zu ihm: Für Johannes den Täufer, andere für Elia, noch andere für einen der Propheten. Und er fragte sie: Ihr aber, für wen haltet ihr mich? Petrus antwortete und sagte zu ihm: «Du bist der Christus.» Und er befahl ihnen streng, sie sollten zu niemandem über ihn reden. Und er begann, sie zu lehren: Der Menschensohn muss viel leiden und verworfen werden von den Ältesten und den Hohepriestern und den Schriftgelehrten und getötet werden und nach drei Tagen auferstehen. Und er wird in Öffentlichkeit das Wort verkünden. Da nahm ihn Petrus beiseite und fing an, ihm Vorwürfe zu machen. Er aber wandte sich um und sah seine Jünger an, fuhr Petrus an und sprach: Hinweg von mir, Satan! Denn du sinnst nicht, was göttlich, sondern was menschlich ist.
Markus 8,27–33

Selbst schärfste Kritiker der Kirche und des Christentums machen mit ihrer Kritik Halt vor der Person Jesu von Nazareth. Quer durch Religionen und Ideologien geht eine Art auffälligen Respekts vor diesem Mann.

Solche Hochschätzung hat freilich auch ihre Kehrseite. Auf ihr steht geschrieben: Jawohl, Jesus verkörpert das Gute wie keiner. Doch leider ist er *zu* gut für diese Welt (wurde er nicht deshalb ans Kreuz geschlagen?). Er ist zwar *das* personifizierte Ideal – aber ein uns unerreichbares Ideal.

So wird Jesus hoch hinauf geschätzt und gerühmt in jene dünne Luft der Vollkommenheit, wo unsereiner nicht mehr atmen und leben kann. Und dort hoch oben leuchtet dieser ideale Jesus als unerreichbares, fremdes, fernes Gestirn, während wir hier unten sitzen in den Niederungen und Holzbänken irdischer Unvollkommenheit.

Was wir jedoch brauchen, ist nicht ein Ideal im Himmel, sondern Veränderung auf Erden.

Und nun sagt Petrus hier zum Mann aus Nazareth: «Du bist der Christus.»

Christus heisst: der Gesalbte. Das ist ein Begriff jüdischer Endzeiterwartung. Die Geschichte Israels kannte eine Salbung von Priestern, Propheten und vor allem: von Königen. Die Salbung eines Königs bei seinem Amtsantritt bestimmte den Gesalbten zum Mandatar Gottes, verwies ihn auf die Verheissung von Gottes Geist und Kraft, berief ihn dazu, nicht Selbst-König, sondern Gottes-König zu werden. Das so konzipierte Königtum degenerierte jedoch mehr und mehr, die Gesalbten versagten und enttäuschten, weil sie sich eher als Selbst-Könige denn als Gottes-Könige verstanden. Die geschichtliche Enttäuschung an seinen Königen erweckte im frommen Teil Israels, zumal nach dem Ende eines selbständigen Königtums, die Hoffnung auf einen neuen, auf DEN Gesalbten, in dem sich die tausendjährige Königshoffnung erfüllen sollte und der kein Versager, kein Selbst-König, sondern Gottes-König im wahren Sinne dieses Wortes sein würde.

Und nun sagt Petrus vom ehemaligen Zimmermann und jetzigen Wanderprediger Jesus: «Du bist dieser König, du bist der Christus.»

Das heisst: Du bist uns mehr als ein Vorbild idealer Menschlichkeit, das man von weitem bewundert und verehrt. Du bist auch mehr als ein Prophet. Du redest, warnst und lehrst nicht nur – du bist ein König, bist DER König.

Die Aktionen eines Königs sind politische Aktionen. Der Gottes-König, der Christus, ist derjenige, der nicht Menschenpolitik, sondern Gottespolitik macht – Politik also, die unsere Welt von Grund auf verändern will und verändern wird.

Sicher hat Petrus seine eigenen Vorstellungen davon gehabt, auf welche Weise die Welt verändert werden müsste. Jeder von uns hat davon seine eigenen Vorstellungen. Jeder von uns ist ein kleiner Weltverbesserer und glaubt genau zu wissen, was getan werden müsste. So mag auch Petrus bereits einen Aktionsplan für den Christus-König im Kopf gehabt haben.

Wie ein Blitz schlägt in diese möglichen und menschlichen Aktions- und Weltverbesserungspläne die Mitteilung Jesu ein: «Der Menschensohn muss viel leiden und verworfen werden von den Ältesten und den Hohenpriestern und den Schriftgelehrten und getötet werden und nach drei Tagen auferstehen. Und er wird in Öffentlichkeit das Wort verkünden.»

Die nächste *Aktion* des Gottes-Königs ist *Passion*! Ist das Gegenteil all dessen, was Petrus (und nicht nur er!) vom Christus erwartet. Statt Triumph wird Verfolgung in Aussicht gestellt, statt Machtergreifung Verhaftung und Verwerfung, statt Sieg Tod – das alles zwar mit dem Hinweis auf eine Auferstehung nach drei Tagen. Aber das ist für Petrus kein Trost, ist für ihn wohl auch unvorstellbar. Bestürzt nimmt er Jesus beiseite und «fing an, ihm Vorwürfe zu machen».

Diese Vorwürfe sind bis heute nicht verstummt. Bis heute begreifen wir nur schwer, dass und weshalb die entscheidendste Aktion Jesu, des Christus, die Passion gewesen sein soll. Bis heute geht es uns schwer ein, dass Leiden und gewaltloses Sich-töten-Lassen überhaupt als eine Form von Aktion, von Kampf und sogar Sieg angesprochen werden kann. Das ist so ganz anders als unsere üblichen Wertungen und Massstäbe – so anders wie Gottes Politik eben anders ist als Menschenpolitik, wie Gottes Herrschaft anders ist als menschliche Herrschaftsformen.

Jüngst erzählte mir ein Ehepaar über seine Beobachtungen und Erlebnisse in Polen. «Wenn es irgendwo echten, leidenschaftlichen Christusglauben gibt, dann heute in Polen.» So wussten sie zu berichten und gaben auch gleich die Erklärung für diesen Befund: «Der Glaube ist dort so mächtig, weil er äusserlich sehr ohnmächtig ist.»

Sollte es also doch stimmen: dass es keine stärkere Aktion gibt als Ohnmacht und Passion? Dass Gott durch nichts die Welt so radikal zu verändern vermag als durch die Ohnmacht und das gewaltlose Opfer des Glaubens?

Tatsächlich: Die Botschaft von der Passion als Aktion, von der königlichen Erhöhung gerade des Gekreuzigten (so im Johannes-Evangelium), hat allen Widerstand und Unglauben bis dahin unterlaufen. Diese Botschaft war und ist nicht umzubringen. Der Grund dafür ist nach dem Evangelium der, dass der Träger dieser Botschaft nicht mehr umzubringen ist. Er, Jesus, der am dritten Tag von den Toten Erweckte, steht hinter dieser Botschaft. Er ist auferweckt worden, weil Gott sich zu ihm und zu seiner Botschaft, somit auch zu seiner Art der Weltveränderung bekannt hat. Deshalb wird sein Wort weiterverkündet. ER selber verkündet es, wie hier angesagt, «in Öffentlichkeit». Er verkündet es durch seine Zeugen unter den Augen atheistischer und pseudochristlicher Gewalttäter und Gewaltmächte. Wie wehrlos und machtlos dieses Wort auch sein mag: Es ist nicht umzubringen, weil ER nicht umzubringen ist. Und dieses Faktum zeigt an, dass keine Macht und Gewalt der Welt auf die Dauer der Machtlosigkeit des Wortes Gottes gewachsen sein wird. Darum kündet Jesus auch jenen Tag an, da es offenbar werden wird, dass *Seine* Passion der Sieg ist, der die Welt verändern wird. In der kommenden Herrschaft Gottes sitzt das zur Schlachtbank geführte Lamm (Jes 53,7) mit Gott zusammen auf dem Königsthron (Offb 22,3), ist DER Verdammte dieser Erde zum Lebensfürsten geworden.

Für uns, die wir solcher Weltveränderung, solcher Zukunft bewusst entgegenleben wollen, heisst das: Wir müssen umdenken, umlernen. Wir müssen unserem Unglauben, der sich immer neu als Aberglaube an die Gewalt, als Furcht vor der Gewaltlosigkeit und Passion manifestiert, den Abschied geben. Wir müssen uns an die von Jesus proklamierte Herrschaftsform, an das Passionskönigtum des Gottes-Königs gewöhnen. Solche Gewöhnung ist Einübung im Glauben, dass Gott unsere

Welt durch die nackte Gewaltlosigkeit seines Wortes und seines Sohnes richten und aufrichten wird.

(Mitte 1960er-Jahre)

Wo das Dienen herrscht

Und es kommen zu ihm Jakobus und Johannes, die Söhne des Zebedäus, und sagen zu ihm: Meister, wir wollen, dass du uns tust, worum wir dich bitten. Er aber sprach zu ihnen: Was wollt ihr, dass ich euch tun soll? Da sagten sie zu ihm: Gib uns, dass wir einer zu deiner Rechten und einer zu deiner Linken sitzen dürfen in deiner Herrlichkeit! Jesus aber sprach zu ihnen: Ihr wisst nicht, worum ihr bittet. Könnt ihr den Kelch trinken, den ich trinke, oder euch taufen lassen mit der Taufe, womit ich getauft werde? Sie aber sagten zu ihm: Wir können es. Da sprach Jesus zu ihnen: Den Kelch, den ich trinke, werdet ihr trinken und mit der Taufe, womit ich getauft wurde, werdet ihr getauft werden; aber das Sitzen zu meiner Rechten oder zu meiner Linken zu verleihen, steht nicht mir zu, sondern wird denen gegeben, welchen es bereitet ist. Als die Zehn das hörten, begannen sie über Jakobus und Johannes unwillig zu werden. Und Jesus rief sie zu sich und sagt zu ihnen: Ihr wisst, dass die, welche als Fürsten der Völker gelten, sie knechten und ihre Grossen sie bedrücken. Nicht so aber ist es unter euch, sondern wer unter euch gross sein will, sei euer Diener, und wer unter euch der Erste sein will, sei der Knecht aller; denn auch der Sohn des Menschen ist nicht gekommen, damit ihm gedient werde, sondern damit er diene und sein Leben gebe als Lösegeld für viele.

Markus 10,35–45

«Dein Reich komme», betet die Christenheit. «Reich» meint hier nicht einen Ort, nicht einen Himmel etwa, in den einst ein paar Fromme gelangen werden. «Reich» meint das Herabkommen Gottes, meint die Herrschaft Gottes und den kommenden Triumph dieser Herrschaft über alle Gegen-Herrschaften. Darum lehrte uns Jesus nicht beten: «Lieber Heiland, mach mich fromm, dass ich zu dir in den Himmel komm» – sondern: «Dein Reich komme», komme herab, breche herein in diese Welt und Menschheit, die sich der Herrschaft Gottes zu ihrem eigenen Unglück entzogen hat. Ernst Bloch, der Philosoph des «Prinzips Hoffnung», formuliert: «Die Menschen wie die ganze Welt befinden sich immer noch in der Vorgeschichte, im Exil.» So empfanden wohl auch die Jünger. Die Botschaft von Gottes hereinbrechender Herrschaft, wie Jesus sie ihnen verkündete, war für sie durchaus nicht Jenseits-, sondern Zukunftsbotschaft. In Jesus sahen sie diese Zukunft Gottes sozusagen in Griffnähe. Sicher, die Forderung, die Jakobus und Johannes hier stellen, ist in ihrer plumpen Selbstsicherheit frech. Wenigstens scheint es uns so. «Meister, wir wollen, dass du uns tust, worum wir dich bitten!» Da fehlen, so kommt's uns vor, Demut und Höflichkeit durchaus. Aber die beiden haben mit ihrer Bitte eben keinen fernen St. Nimmerleinstag vor Augen. Nach ihrer Erwartung wird die Herrschaft Gottes binnen kurzem zum Triumph kommen: Schon ist ja der HERR bei ihnen! Und wenn's so nah und real vor einem steht, fast mit Händen zu greifen, dann fällt allerhand Zimperlichkeit und Vorsicht weg. So halten Jakobus und Johannes jetzt den Moment für gekommen, ihre Bitte vorzutragen – eine Bitte, wiederholen wir's noch einmal, die uns zeigt, wie ernst, wie real sie die Ansage der kommenden Herrschaft Gottes genommen haben: «Gib uns, dass wir einer zu deiner Rechten und einer zu deiner Linken sitzen dürfen in deiner Herrlichkeit!»

Dennoch steckt nun in dieser Bitte bereits ein Wurm, nämlich der Wurm des frommen Ehrgeizes, der nicht für das Ganze hofft (oder nicht in erster Linie für das Ganze!), sondern für sich selbst. Es ist jener Wurm, der die Hoffnung auf die Herrschaft Gottes im Lauf der Kirchengeschichte ausgehöhlt hat, bis nur noch die müde Hoffnung übrigblieb auf Erlösung der einzelnen Seele, auf ein «Plätzlein im Himmel». Diese Aushöhlung der Reich-Gottes-Hoffnung höhlte auch die Vitalität der

Kirche aus. Die Kirche lebt im Bewusstsein der meisten nicht als Gemeinschaft, die den Advent, das Kommen Gottes in diese Welt ausruft, und dafür agitiert. Die Kirche gilt vielmehr als eine Anstalt, wo Menschen auf das Jenseits vorbereitet und ihnen «ein Plätzlein im Himmel» vermittelt wird. Deshalb ist die beerdigende Kirche weit mehr gefragt als die verkündigende Kirche, die Trost spendende mehr als die für Gottes Herrschaft agitierende.

Wie gesagt: Das fängt bereits mit der Bitte der beiden Jünger an. Sie sind mit dieser Bitte von der grossen Erwartung in eine kleine Privaterwartung zurückgefallen, wenigstens momentan. Doch hat der schon erwähnte Ernst Bloch noch einmal recht, wenn er im *Prinzip Hoffnung* den schönen Satz prägt: «Das Warten will nicht schlafen gehen, auch wenn es noch so oft begraben wurde.» Es will auch in der Kirche nicht endgültig schlafen gehen. Es ging auch in Jakobus und Johannes nicht schlafen, weil Gott selber nicht schläft (Psalm 121,3.4) und Jesus sogar aus dem Todesschlaf, in den man ihn und die von ihm gebrachte Erwartung verbannte, auferweckt hat. Und als Auferstandener sorgt Jesus dafür, dass die Hoffnung und mit ihr die Kirche nicht definitiv entschläft.

Die Antwort Jesu zeigt, dass er keine Beisitzer in der Herrlichkeit sucht, sondern Zeugen braucht! Zeugen in der noch unfertigen, umstrittenen Welt. Zeuge heisst auf Griechisch: Märtyrer. «Könnt ihr den Kelch trinken, den ich trinke, oder euch taufen lassen mit der Taufe, womit ich getauft werde?» So fragt Jesus. Die Jünger antworten: «Wir können es.» Möglicherweise denken sie bei dieser Antwort an etwas anderes als Jesus meint. Denken sie vielleicht bei «Kelch» an den Becher himmlischer Freude und bei der Taufe an die Geistestaufe am Ende der Zeiten? Ich weiss es nicht. Jesus meint mit dem Kelch jedenfalls den Kelch des Leidens, mit der Taufe die Taufe mit dem Tod. Und er verheisst den Jüngern *diesen* Kelch und *diese* Taufe mit den Worten: «Den Kelch, den ich trinke, werdet ihr trinken, und mit der Taufe, womit ich getauft werde, werdet ihr getauft werden.»

Zeuge Jesu, Zeuge der kommenden Gottesherrschaft sein, kann vieles in sich schliessen, aber es wird, ob blutig oder unblutig, immer auch *Leiden* bedeuten. Mit der Zeugenschaft für die mit Jesus angebrochene Herrschaft Gottes geraten wir alsbald in Widerspruch zu den jetzt herrschenden Werten und Zuständen, zu den Herren dieser jetzigen, sich als definitiv gebärdenden Wert- und Weltordnung. Darum hat der Zeuge Jesu Christi Kritik, Verleumdung und wohl auch Spott zu gewärtigen – dies zum mindesten! Zeugenschaft führt ins Leiden. Wohl jedem, der *davon* schon etwas gemerkt hat und erfahren hat: Er ist auf dem Weg, ein Zeuge Christi zu werden! Doch hüten wir uns vor Märtyrerstolz! Wahre Märtyrer sind nicht stolz, wenigstens nicht auf sich selber. Stolz und Geltungsbedürfnis passen nicht zu ihrem Auftrag. Deshalb haben die andern Jünger recht, wenn sie aufgebracht werden über das fromme Geltungsbedürfnis des Jakobus und Johannes. Die Frage ist freilich, ob dieser Unwille ganz uneigennützig ist. Es könnte ja sein, dass man den beiden ihre Forderung nur verübelt, weil man heimlich selbst auf einen Ehrenplatz in der Herrlichkeit aspiriert. Nun: Das sind Vermutungen. Aber wir wissen ja – hoffentlich wissen wir es! –, dass viel fromme, scheinbar gerechte Empörung über die Sünden anderer dem heimlichen Neid und der Missgunst entspringt: Mit der Empörung über die Sünden der andern reagiert man den Neid auf diese Sünden der Sünder ab, die man heimlich selber gern verübt hätte. Das ist einfach ein psychologischer Sachverhalt. Man muss ihn kennen, um sich von ihm möglichst frei halten zu können.

Wie immer das mit den Jüngern gewesen sein mag, Jesus ruft sie zusammen und setzt alles ins rechte Licht, d. h. ins Licht der neuen Welt, ins Licht der kommenden Gottesherrschaft, deren Lebensformen für die Jünger schon jetzt verbindlich werden sollen: «Ihr wisst, dass die, welche als Fürsten der Völker gelten, sie knechten und ihre Grossen sie bedrücken.» So hebt Jesus an – was für eine realistische, illusionslose Feststellung über den Charakter menschlicher Herrschaftsausübung! Von Knechtung und Bedrückung ist unverblümt die Rede, und es könnte ironisch gemeint sein, wenn Jesus hier nicht einfach von Fürsten spricht, sondern von denen, «welche als Fürsten der Völker gelten». Wenn man das hört, greift man sich an den Kopf und fragt sich, wie es je möglich war, dass «christliche» Herrscher und Regierungen ihre Herrschaft als «von Gottes Gnaden» ausgaben. Von Gottes Gnaden? Jesus sagt: Durch Knechtung, durch Bedrückung sind sie, was sie sind.

«Nicht so aber ist es unter euch, sondern wer unter euch gross sein will, sei euer Diener, und wer unter euch der Erste sein will, sei der Knecht aller.» Das ist die Ordnung «von Gottes Gnaden»!

Mich erschreckt, dass Jesus hier fast marxistisch von der Gesellschaft spricht. Für den Marxismus ist bisher jedes Gesellschaftsgefüge bestimmt gewesen durch das Verhältnis: Herren hier – Knechte dort. Auch wenn jetzt alles humaner und demokratischer geworden ist, wenigstens bei uns, seien die Abhängigkeits- und Herrschaftsverhältnisse nach wie vor dieselben. So die Marxisten. Und, wie gesagt, mich erschreckt, dass Jesus hier beinahe ähnlich urteilt. Ich denke freilich, dass er auch über die heutigen marxistischen Regimes genau das gleiche Urteil fällen würde. Für ihn ist das Ineinanderspiel von Herrschaft und Knechtung ein Charakteristikum der alten, vergehenden Welt insgesamt, etwas, was bei Gott keine Zukunft hat. Die vollendete Herrschaft Gottes wird so radikal anders sein, dass Jesus jetzt nicht einmal Auskunft darüber geben kann, wie das mit den Ehrenplätzen sein wird, wem sie zufallen oder nicht zufallen werden. Wird es überhaupt Ehrenplätze geben, um darauf zu sitzen? Vielleicht wird man in der Herrlichkeit nicht so sehr thronen und sitzen als laufen, springen, hüpfen und tanzen! Auf alle Fälle ist «Sitzen» nicht die für einen Diener typische Haltung, zumal wenn man in Rechnung stellt, dass das griechische Wort für Diener (*diakonos*) konkret «Kellner» bedeutete.

Die Herrschaft Gottes ist auf alle Fälle eine Ordnung, in der das Dienen herrscht! Uns als Zeugen dieser Gottesherrschaft ist aufgetragen, diesen Lebensstil schon jetzt, gerade jetzt einzuüben und zu lernen – mitten in einer Welt, wo Dienen nicht eben populär und beliebt ist. Doch hat nur Dienen Zukunft, ja Dienen *ist* die Zukunft Gottes. Alles andere ist *vieux jeu*, ist veraltet und gestrig in dieser Perspektive, weil «auch der Sohn des Menschen nicht gekommen ist, damit ihm gedient werde, sondern damit er diene und sein Leben gebe als Lösegeld für viele».

(Mitte 1960er-Jahre)

Auferstehung

Und es kamen Sadduzäer zu ihm, die bekanntlich sagen, es gebe keine Auferstehung, und sie fragten ihn: Meister, Mose hat uns vorgeschrieben: «Wenn jemandes Bruder stirbt und eine Frau zurücklässt und kein Kind hinterlässt, soll sein Bruder die Frau nehmen und seinem Bruder Nachkommen schaffen.» Es waren sieben Brüder. Und der erste nahm eine Frau, und als er starb, hinterliess er keine Nachkommen. Und der zweite nahm sie und starb, ohne Nachkommen zurückzulassen, und der dritte ebenso; und die sieben hinterliessen keine Nachkommen. Zuletzt von allen starb auch die Frau. Welchem von ihnen wird sie in der Auferstehung als Frau angehören? Die sieben haben sie ja alle zur Frau gehabt. Jesus sprach zu ihnen: Irrt ihr nicht deshalb, weil ihr die Schriften nicht kennt noch die Kraft Gottes? Denn wenn sie von den Toten auferstehen, heiraten sie nicht und werden nicht verheiratet, sondern sie sind wie die Engel in den Himmeln. Was aber die Toten betrifft, dass sie auferweckt werden, habt ihr denn nicht gelesen im Buch Moses, bei der Geschichte vom Dornbusch, wie Gott zu ihm sagte: «Ich bin der Gott Abrahams und der Gott Isaaks und der Gott Jakobs?» Er ist nicht ein Gott von Toten, sondern von Lebendigen. Ihr irrt sehr.
Markus 12,18–27

Zur Zeit Jesu standen sich zwei Gruppen gegenüber.

«Es gibt eine Auferstehung der Toten», behaupteten die Pharisäer.

«Es gibt keine Auferstehung», behaupteten die Sadduzäer. Behauptung gegen Behauptung. Und Jesus? Die erste Feststellung, zu der uns der eben gehörte Dialog nötigt, lautet: Jesus behauptet gar nichts. Gerade er vermeidet jenen schlechten Behauptungsstil mit den heillosen «Es gibt»-Sätzen: «Es gibt Auferstehung», «es gibt keine Auferstehung».

«*Es gibt*»: Das kann man von etwas sagen, das vorhanden ist. Totenauferstehung ist aber nicht vorhanden, nicht beobachtbar. Sie kann aus nichts Vorhandenem abgeleitet, sie kann nur als Zukunft erwartet werden. Gibt es aber Anhaltspunkte dafür, dass eine Totenauferstehung in der Zukunft geschehen wird? Sozusagen alle Religionen verkünden ein Jenseits, ein Leben nach dem Tod. Aber genügt diese allgemeine religiöse Hoffnung? Manifestiert sich in ihr nicht einfach der Lebenswille des Menschen, der nicht sterben will? Und wenn schon gestorben sein muss, dann soll es wenigstens jenseits des Grabes in irgendeiner Form weitergehen! Der Mensch dünkt sich selber zu schade, um sang- und klanglos für immer abzutreten. Daher diese Weiterlebenshoffnung in allen Religionen. Von diesen ausserisraelitischen Religionen haben auch die Pharisäer ihre Behauptung übernommen: Ja, es gibt Totenauferstehung. Aber eben: Wo bleibt da die Begründung? Menschliche Wunschträume genügen noch nicht als Begründung. Und die allgemein-religiöse Auferstehungs- und Jenseitshoffnung ist ein solcher menschlicher Wunschtraum.

Darum ist im Alten Testament davon nicht die Rede. Mitten in einer religiösen Umwelt, die voll ist von Behauptungen über das Leben nach dem Tode, blieb das Alte Testament in dieser Beziehung auffällig stumm. Die alten Israeliten rechneten nicht mit einem Weiterleben nach dem Tode, nicht mit einer Auferstehung. Sie brauchten Gott, sie glaubten an Gott, um jetzt, im diesseitigen Leben bestehen zu können. Aber da kein plausibler Anhaltspunkt auf jenseitige Lebensmöglichkeiten hinwies, fanden sich die Menschen des Alten Bundes damit ab, dass es mit dem Tode fertig ist.

Und nun zogen die Sadduzäer aus diesem Schweigen des Alten Testaments die Folgerung: Es *kann* gar keine Totenauferstehung geben! Damit tun sie nun aber einen entscheidenden Schritt aus dem Alten Testament hinaus. Auch wenn dieses

Buch seltsam stumm bleibt in dieser Frage: Die Behauptung, dass es Totenauferstehung gar nicht geben *könne*, werden wir hier vergeblich suchen. Wenn Gott wirklich Gott ist, der Herr, der Himmel und Erde aus Nichts geschaffen hat, dann ist es ihm ein kleines, auch Tote zu erwecken. Eine andere Frage ist freilich, ob Gott das wirklich tun *will*. Und eben dafür hatte das Alte Testament keine Zusage. Darum schwieg es sich hartnäckig aus in dieser Sache. Aber wer hier «Unmöglich» sagt, hat im Grunde Gott geleugnet, zu dessen Wesen es gehört, dass ihm alles möglich ist.

Und das ist nun der springende Punkt: dass über solche Fragen wie diejenige der Auferstehung immer wieder unter Ausklammerung Gottes diskutiert wird. Damit landen wir bei unseren Höhenflügen zuletzt immer wieder auf dem Mistbeet blosser Behauptungen.

Darum ist auch das Geschichtchen, das die Sadduzäer hier erzählen, so hanebüchen. Es soll eine Begründung liefern für die Behauptung, dass Auferstehung unmöglich sei. Gott bleibt ausgeklammert, dafür wird der mögliche Fall einer Frau breitgeschlagen, die siebenmal rechtmässig verheiratet war und siebenmal Witwe wurde. Wem von den sieben Männern soll sie nun in der Auferstehung angehören? Das ist die Frage der Sadduzäer, und man hört sie beinahe kichern über das Fündlein ihrer Frage. Ungerecht wäre es doch, wenn in der Ewigkeit nur *eine* Ehe gültig wäre und die sechs andern nicht! Oder sollte es in der Auferstehung plötzlich Polyandrie und Polygamie geben, Vielehe also?

Aber wir wollen über das Hanebüchene dieser Argumentation nicht zu schnell empört sein. Hier haben wir ein Musterbeispiel für soundso viele religiöse Diskussionen, wo haargenau so argumentiert wird; man redet und behauptet sich ins Hundertste und Tausendste hinein und hat doch von Anfang an den einzig möglichen Einsatz verfehlt: nämlich die Frage nach Gott. Wer ist Gott, was will Gott, was tut und was sagt Gott? Um das geht es, nur um das! Darum entgegnet Jesus denn auch den Sadduzäern: «Irrt ihr nicht deshalb, weil ihr die Schriften (des Alten Testaments) nicht kennt noch die Kraft Gottes?» Das heisst: Die Sadduzäer gehen von den Denkmöglichkeiten des Menschen aus, aber nicht von den Möglichkeiten Gottes. Dieser falsche Denkansatz wird von Jesus blossgelegt. «Ihr kennt die Kraft Gottes nicht» – wie sie doch gerade vom Alten Testament bezeugt wird. Zugleich zeigt Jesus den richtigen Denkansatz auf: «Wenn sie von den Toten auferstehen, heiraten sie nicht und werden nicht verheiratet, sondern sie sind wie Engel in den Himmeln.» Wenn die Toten auferstehen – und für Gott ist das eine durchaus offene Möglichkeit: Wenn das also einmal geschehen sollte, dann müssen wir von der Frage ausgehen: Was will Gott eigentlich, wenn er Tote auferweckt?

Auf diese Frage gibt es eine klare Antwort. Es ist die Antwort des biblischen Zeugnisses insgesamt: Gott ist nicht darauf aus, einfach das Bestehende zu erhalten und zu prolongieren. Gott ist darauf aus, Neues zu schaffen: einen neuen Himmel, eine neue Erde, einen neuen Menschen.

«Dieser neue Mensch», so sagt Jesus hier, «wird sein wie Engel in den Himmeln.» Das heisst nicht, dass Gott die Menschen in Engel verwandeln will! Es kann keine Rede davon sein, dass die Erschaffung des Menschen rückgängig gemacht werden soll. Im Gegenteil: Wenn Gott die Toten auferweckt, dann dazu, um sein Schöpfungswerk zu vollenden, um unser Mensch-Sein nicht zu beenden, sondern es zu seiner vollen Entfaltung und Blüte zu bringen. Und zu diesem Mensch-Sein gehört auch unser Mann-Sein und Frau-Sein. Es gibt keinen abstrakten Menschen an und für sich. Es gibt nur den Menschen *als* Mann und *als* Frau.

Aber so wie die Engel jetzt schon Wesen sind, die ganz zur Verfügung Gottes stehen, so soll auch der neue Mensch ganz für Gott verfügbar sein und darin gerade seine volle Menschlichkeit finden. Alle andern Bindungen und Abhängigkeiten werden dann zu Ende sein. Auch die provisorische Hilfsgemeinschaft der Ehe wird nicht mehr nötig und Gott alles in allem sein.

Für diejenigen, die in einer guten Ehe zusammenleben, ist diese Aussicht zunächst nicht sehr erfreulich. Sie möchten einander doch wiedersehen, sie möchten auch in der Ewigkeit als Eheleute zusammenbleiben. Darum steht auf so vielen Grabsteinen nichts als der flehentliche Ausruf: «Auf Wiedersehen!»

Aber denken wir damit nicht zu klein von Gottes Zukunft, zu klein von den neuen Möglichkeiten, die Gott uns erschliessen kann? Das Neue der Auferstehung wird, wenn es kommt, alles überbieten, was wir bisher an Schönem und Gutem gekannt haben. Und die Gegenwart Gottes selber wird uns so vollauf in Atem halten, dass wir darüber alles vergessen werden, was hinter uns liegt. Denn, wie gesagt, nur um bestehende Verhältnisse zu verlängern, wird Gott die Toten sicher nicht auferwecken. Darum ist auch die Formulierung der sadduzäischen Frage so von Grund auf verkehrt: Welchem Manne wird die siebenmalige Witwe in der Auferstehung gehören? Keinem wird sie gehören! Die Dienstbarkeit der Frau wird spätestens dann zu Ende sein. Sie wird nur noch Gottes Eigentum und gerade damit endgültig emanzipiert, endgültig frei und damit ganz disponibel für Gott sein.

Lautet die Schlussfolgerung also: Doch, nach der Meinung Jesu wird die Auferstehung der Toten kommen?

Nein, so redet Jesus eben nicht. Die Antwort, die er gibt, besteht darin, dass er *den* Gott verkündet, der allein die Antwort geben wird: nicht durch Worte, sondern durch Taten. Er ist, so wird uns gesagt, der Gott Abrahams, Isaaks und Jakobs. Er ist der Gott, der schon von jeher konkreten Menschen in konkreten Heilstaten begegnet ist. Kein erhabener Philosophengott, der nur abstrakte Theorien von sich gibt. Darum trug Blaise Pascal, eingenäht ins Futter seines Rockes, einen Zettel, auf dem nichts stand als die denkwürdigen Worte: «Nicht der Gott der Philosophen – sondern der Gott Abrahams, Isaaks und Jakobs.»

«Er ist nicht ein Gott von Toten, sondern von Lebendigen», fügt Jesus hinzu. Das heisst doch wohl: Für Gott ist der Tod eines Menschen keine Grenze, kein Ende. Wo wir am Ende, an der definitiven Grenze unserer Möglichkeiten angelangt sind, da bleibt für Gott alles offen, alles möglich, alles im Neuanfang. Uns bleibt abzuwarten, ob und wie Gott seine offenen Möglichkeiten realisieren wird.

Ein Anfang ist jetzt gemacht. Die Zukunft hat eingesetzt, Jesus ist von den Toten auferweckt worden. Die Antwort auf unsere und des Sadduzäers Frage ist damit gegeben. Nicht als Behauptung, nicht als Theorie, sondern als Tat, als Ereignis. Gott ist an Ostern in unsere Welt eingebrochen und hat als erstes das Grab in Jerusalem aufgebrochen. Mit dieser Tat hat Gott über uns seine Zukunft ausgerufen, die Zukunft des Lebens und der Auferstehung.

(Mitte 1960er-Jahre)

Schreckbild und Vorbild

Und er sagte in seiner Lehre: Hütet euch vor den Schriftgelehrten, die gern in langen Gewändern gehen und die Grüsse auf den Märkten und den Vorsitz in den Synagogen und die Ehrenplätze bei den Mahlzeiten lieben. Sie, die die Häuser der Witwen fressen und zum Schein lang beten, sie werden ein (um so) schlimmeres Urteil empfangen. Und er setzte sich dem Opferstock gegenüber und sah zu, wie das Volk Geld in den Kasten warf. Und es kam eine arme Witwe und warf zwei Heller (ca. ein Rappen) ein. Und er rief seine Jünger herbei und sprach zu ihnen: Wahrlich, ich sage euch, diese arme Witwe hat mehr eingeworfen als alle, die in den Kasten warfen. Denn alle warfen aus ihrem Überfluss ein; diese aber hat aus ihrem Mangel heraus alles eingeworfen, was sie hatte, ihr ganzes Gut.

Markus 12,38–44

«Hütet euch vor den Schriftgelehrten, die gern in langen Gewändern gehen!» Ich bin auch Schriftgelehrter. Ich trage auch ein langes Gewand, wenigstens im Gottesdienst. Ich kann für mich höchstens geltend machen, dass ich nicht *gern* im langen Gewand gehe. Es ist bei uns Brauch, dass der Pfarrer einen Talar trägt. Dieses Gewand soll zeigen, dass der Pfarrer keine Rednerpersönlichkeit, sondern Diener am göttlichen Wort ist. Als Dienstgewand hat es seinen Sinn. Als feierliches Würdegewand ist der Talar gefährlich. Gefährlich für den Träger selbst. Darum bin ich froh, dass ich auf Strassen und Märkten ohne geistliches Gewand mich bewegen kann. Wer mich dann grüsst, grüsst, weil er mich kennt. Er grüsst nicht das Würdegewand. Es ist ganz heilsam, wenn ich vor einer Haustür zuerst unwirsch für einen Reisenden gehalten werde, weil ich mich von einem Reisenden nicht durch das Gewand unterscheide. Im Grunde *ist* ein Pfarrer auch Reisender! Freilich für eine sehr seltsame Firma.

«Hütet euch vor den Schriftgelehrten, die gern den Vorsitz in den Synagogen und die Ehrenplätze bei den Mahlzeiten lieben.» Ich bin Schriftgelehrter. Ich führe den Vorsitz hier in der Kirche. Ja, Vorsitz ist noch gelinde ausgedrückt. Ich allein rede und rede einen ganzen Gottesdienst lang. Und erst noch von erhöhter Kanzel herab. Das ist gefährlich für mich. Immer der einzige Redner zu sein und auf Sie von oben herab zu predigen, das kann einem ganz gut gefallen, ist aber gerade darum gefährlich, weil es einem gefallen kann. Es hinterlässt Spuren im Charakter, wenn man es jahraus, jahrein so macht. Sie müssen sich deshalb nicht wundern, wenn wir Pfarrer mit der Zeit manchmal eigensinnig, autoritär, rechthaberisch und damit ein wenig wunderlich und oft auch schuldig werden. Wir führen nicht ungestraft ein Leben lang den Vorsitz in den Kirchen, auch dann nicht, wenn wir diesen Zustand nicht besonders lieben.

Die Synagogen hatten einen grossen Vorteil: Bei ihren Gottesdiensten führte nicht notwendigerweise ein Schriftgelehrter den Vorsitz. Und es sprach auch keineswegs der Schriftgelehrte allein. Die Gottesdienste waren Versammlungen, die sich in Gesprächsform abwickelten. Jeder konnte zum Vorlesen des Tagestextes aufgefordert oder eingeladen werden; jeder konnte bei der Auslegung und Erörterung des gelesenen Textes durch eigene Voten mithelfen. In der Synagoge *musste* also ein Schriftgelehrter durchaus nicht den Vorsitz, erst recht nicht als Einziger das Wort führen. In unseren Gottesdiensten muss er's. Auch wenn wir einzusehen beginnen, dass dieses Einmannsystem nicht das allein Wahre ist, selbst wenn wir schon einzelne Versuche unternommen haben, dieses System zu ändern: Wir sind noch nicht so weit, dass unser Gottesdienst eine neue Gestalt nach synagogalem und urchristlichem Modell annehmen könnte. Darum stehen wir Pfarrer gezwungenermassen in der ständigen Gefahr, von der Jesus hier spricht. Die Gefahr besteht nicht zuletzt darin, dass wir an der uns so zufallenden Einmannrolle allmählich Gefallen finden könnten. Darum haben wir Ihre Fürbitte und Ihre Kritik nötig! Und dann auch Ihre Mithilfe und Bereitschaft bei einer Neugestaltung unserer Gottesdienste in Richtung einer Mitbeteiligung der Gemeinde.

«Hütet euch vor den Schriftgelehrten!», sagt Jesus. «Sie, die die Häuser der Witwen fressen und zum Schein lang beten, sie werden ein (um so) schlimmeres Urteil empfangen.» Das ist das Bild des heuchlerischen, habgierigen Pfaffen, wie es die Kirchenkritik immer wieder entworfen hat! Es gab, es gibt diese Pfaffen! Die Versuchung dazu steckt in jedem von uns. Doch gerade die Warnung Jesu, dass wir «ein (um so) schlimmeres Urteil empfangen werden», stärkt unsern Widerstand gegen die Versuchungen, die hier lauern. Und noch etwas hilft uns. Es ist unser landeskirchliches System. Es sorgt dafür, dass wir unseren Lohn bekommen und nicht selber zusehen müssen, wie wir das Geld für unsern Lebensunterhalt eintreiben müssen.

Es gibt vieles, was ich am System der Landeskirche nicht für gut halte. Ich habe mir auch schon gedacht, ob z. B. das amerikanische System nicht besser wäre, wo, bei völliger Unabhängigkeit vom Staat, die Kirchen Freikirchen und vereinsrechtlich organisiert sind. Das Gemeindeleben scheint bei diesem System intensiver zu sein. Aber die Schwierigkeit besteht hier darin, dass die Pfarrer in Abhängigkeit von reichen Gemeindegliedern geraten können oder dass sie zusehen müssen, dass bei der Gemeinde genügend Geld eingeht. In dieser Situation kann es dann eben geschehen, dass der langen Gebete kurzer Sinn eine Geldgabe ist. Gegen solche Versuchungen schützt das landeskirchliche System. Das allein rechtfertigt dieses System freilich noch lange nicht. Aber es ist ein Grund, für es in diesem Punkt dankbar zu sein. Und man soll das Gute gerade auch dort sagen, wo man sonst kritisiert. Zudem dürfen Sie die Genugtuung haben, dass die Steuern und Kirchensteuern, die Sie zahlen, uns Pfarrer vor Versuchungen bewahren, denen wir sonst noch viel mehr ausgesetzt wären. Hütet euch, sagt Jesus, vor den Schriftgelehrten, die fromm tun, es dabei aber nur auf das Spargeld und den Besitz gutgläubiger Witwen abgesehen haben! Um dich nicht vor uns nur hüten zu müssen, liebe Gemeinde, behütest du uns, rein materiell, auf grosszügige Weise. Damit hilfst du unserer Schwachheit. Dafür können wir dir nur danken. Warnung und Drohung Jesu vor den Schriftgelehrten beunruhigen uns darüber hinaus noch genug, manche von uns so sehr, dass sie sich von Jahr zu Jahr immer wieder fragen müssen, ob sie dem Pfarrerberuf gerecht werden können und nicht den Beruf wechseln sollten. Da ist es besonders wichtig, dass wir von der Fürbitte, von der Geduld und vom Verständnis der Gemeinde getragen werden.

Und dann, so haben wir gehört, setzt sich Jesus an den Opferstock des Tempels und beobachtet indiskret und unverfroren, was die Leute da einwerfen. Jetzt geht's also wiederum um uns alle! Und wir müssen feststellen, dass Christus nicht nur bei uns ist, wenn wir singen, beten und Gottes Wort hören, er sitzt auch am Opferstock des Tempels, am Opferstock unserer Kirche. Er sieht, dass wir alle recht gutwillig unser «Scherflein spenden», wie wir zu sagen pflegen.

Anlässlich einer kirchlichen Haussammlung bemerkte ein Spender gönnerhaft: «He nu, ich werde auch mein Scherflein geben müssen!» Worauf der bibelkundige Sammler erschrocken ausrief: «So viel? Das wird doch nicht Ihr Ernst sein?» Worauf es am Spender war, sich zu verwundern: «Sie wissen ja gar nicht, wieviel ich geben will!» Der Sammler: «Doch, Sie wollen Ihr Scherflein geben. Das Scherflein der armen Witwe. Das war ihr ganzes Vermögen.»

So ist's. Was die Zürcher Bibel jetzt mit «Heller» übersetzt, hiess in der Luther-Bibel «Scherflein». Und aus unserer Geschichte stammt der Ausdruck vom «Scherflein»-Geben. Nur eben, die Verkleinerungsform «Scherflein» hat vergessen lassen, dass die Witwe hier, nach Jesu Wort, mehr als alle andern gegeben hat: «Denn alle warfen aus ihrem Überfluss ein; diese aber hat aus ihrem Mangel heraus alles eingeworfen, was sie hatte, ihr ganzes Gut.» Übrigens bestätigt sich die Beobachtung Jesu am Opferstock im Tempel immer wieder bei

Sammlungen: Die kleinen Portemonnaies sind offener als die dicken Portefeuilles. Damit soll weder etwas gegen noch etwas für bestimmte Einkommensklassen gesagt werden. Es soll nur gesagt sein, dass sich unser Geben und Nicht-Geben unter dem sehr indiskreten Blick des Herrn vollzieht.

Wozu überhaupt Opferstock? Wozu Kollekten und Sammlungen? Abbé Pierre sagt: «Nicht der Besitz verstösst gegen Gottes Gebot, sondern die Armut des Nachbarn.» Solche Verstösse gegen Gottes Gebot gibt es in unserer Gemeinde nach wie vor. Es leben noch erstaunlich viele AHV-Berechtigte nur von der AHV-Rente, von der man eigentlich nicht leben kann. Oder sie müssen sonst schmal durch, und wenn das Kleinste geschieht, Arzt oder Zahnarzt aufgesucht werden müssen, geht's plötzlich nicht mehr. *Dafür* sind unsere Kollekten bestimmt, wenn nicht eine andere Verwendung ausdrücklich angekündigt wird.

Und dann unsere Nachbarn in der Welt! Da sind wir rings von Armut umgeben, Armut, von der wir im Kolonialzeitalter profitierten und in gewisser Beziehung jetzt noch profitieren. Sie klagt uns an, klagt unsern Besitz an, diese Armut, diese Unterernährung in Afrika, Asien, Lateinamerika. Sie beginnt ja schon in Südeuropa! Wir sind, so muss man oft feststellen (bei sich, bei andern), des Gebens bereits müde. Müde, weil wir zu wenig, zu lustlos, zu einsichtslos geben. Wenn wir mehr und freudiger spendeten, würden wir *nicht* spendemüde. Die arme Witwe gab ihr Scherflein. Wir in der Schweiz sind, im Durchschnitt und gesamthaft, eine *reiche* Witwe.

Das Scherflein, das wir geben müssten, ist mehr als das Scherflein, das wir bisher aus unserem Überfluss gaben. Vergessen wir nicht: Christus selbst sitzt am Opferstock. Christus selbst geht mit den Sammlern von Tür zu Tür. Christus liest auf dem Postcheckamt, bei den Hilfswerken indiskret die Zahlen und Namen auf den grünen Scheinen mit. Christus, der nicht will, dass die einen viel, die anderen aber zu wenig oder auch nichts haben. Christus, der – ich glaub' es bestimmt – den Armen *gegen* die Reichen hilft, wenn diese nicht zuvor selber helfen und Opfer bringen wollen.

Christus, der den Abbé Pierre, ich wiederhole es nochmals, sagen lässt: «Nicht der Besitz verstösst gegen Gottes Gebot, sondern die Armut des Nachbarn.»

(Mitte 1960er-Jahre)

Eine schöne Tat

Nach zwei Tagen aber war das Fest des Passa und der ungesäuerten Brote. Und die Hohenpriester und die Schriftgelehrten trachteten darnach, wie sie ihn mit List festnehmen und töten könnten. Sie sagten nämlich: Nicht am Fest, damit es keinen Aufruhr im Volk gibt! Und als er in Bethanien war, im Hause Simons des Aussätzigen, kam, während er bei Tische lag, eine Frau, die trug ein Alabastergefäss voll echter, teurer Nardensalbe. Sie zerbrach das Alabastergefäss und goss sie ihm über das Haupt. Da murrten etliche bei sich selbst: Wozu ist diese Vergeudung der Salbe geschehen? Man hätte diese Salbe für mehr als zweihundert Denare verkaufen und (den Erlös) den Armen geben können. Und sie fuhren sie an. Jesus aber sprach: Lasset sie! Was betrübt ihr sie? Sie hat eine schöne Tat an mir getan. Die Armen habt ihr allezeit bei euch, und sooft ihr wollt, könnt ihr ihnen wohltun. Mich aber habt ihr nicht allezeit. Was sie konnte, hat sie getan; sie nahm vorweg, meinen Leib zum Begräbnis zu salben. Wahrlich, ich sage euch: Wo immer das Evangelium verkündet wird in der ganzen Welt, da wird auch das, was sie getan hat, erzählt werden zu ihrem Gedenken. Und Judas Ischarioth, jener eine von den Zwölfen, ging fort zu den Hohenpriestern, um ihn an sie zu verraten. Sie aber freuten sich, als sie es hörten, und versprachen, ihm Geld zu geben. Und er trachtete darnach, wie er ihn bei guter Gelegenheit verriete.

Markus 14,1-11

Man soll, wir wissen es, Gutes tun.
Man kann aber auch Schönes tun.

«Sie hat eine schöne Tat an mir getan», sagt Jesus von der Frau, die ihn mit «echter, teurer» Nardensalbe salbte.
 Gute Taten geben dem Leben Sinn.
 Schöne Taten geben dem Leben Glanz.
 Noch einmal strahlt das Leben Jesu auf im Glanz einer schönen Tat. Noch einmal, während sich rings die Unheilswolken zusammenziehen.
 Unser Bericht von der «schönen Tat» der Unbekannten wird eingeleitet durch die Nachricht, dass Hohepriester und Schriftgelehrte darüber verhandeln, wie sie Jesus «mit List festnehmen und töten könnten». Und zum Schluss wird erzählt, Judas Ischarioth, «jener eine», sei fortgegangen zu den Hohenpriestern, «um ihn an sie zu verraten. Sie aber freuten sich, als sie es hörten, und versprachen, ihm Geld zu geben. Und er trachtete darnach, wie er ihn bei guter Gelegenheit verriete.»
 Todesbeschluss und Verrat sind der schwarze Rahmen, in dem die schöne Tat der Frau jetzt um so heller aufleuchtet und einen besonders intensiven Glanz auf Jesus wirft.
 Über die Frau wissen wir nichts, als was hier steht. Und hier steht vor allem etwas über den Inhalt ihres Gefässes: Nardensalbe, im Wert von etwa 300 Denaren oder rund 500 Franken. Eine horrende Summe! Die Frau scheint schon eher eine Dame zu sein, offenbar gewöhnt an die teuren Parfums der oberen Zehntausend, gewöhnt, der eigenen Erscheinung Glanz und Duft zu verleihen. Die eher bäuerlichen Jünger rümpfen die Nase über das Luxuspflänzlein und seine Verschwendermanieren.
 Doch diesmal braucht die Frau, die eine Dame ist, ihre teure Salbe nicht, um der eigenen Erscheinung Glanz zu geben. Sie verschwendet den 500-fränkigen Glanz und Duft an Jesus.
 Nun: Man hat sich oder andere damals oft für besonders festliche Gelegenheiten gesalbt – doch niemals während des Essens, sondern vorher. Und dann gehörte es sich, zumal in

dörflichen Verhältnissen (und wir sind ja im Dorfe Bethanien), keineswegs, war vielmehr verpönt, dass eine Frau mitten in eine Männergesellschaft tritt. Was die Frau hier tut, durchbricht also die Grenzen der Sitte und die Schranken dörflicher Verhältnisse.

Ausleger haben deshalb vermutet, es müsse sich um eine Frau nicht aus Bethanien, sondern aus der Stadt Jerusalem gehandelt haben, um eine Dame aus jenen oberen Kreisen der städtischen Gesellschaft, in denen sich Frauen sehr frei und ungezwungen, auch unter Männern, bewegten. Wir hätten in diesem Falle eine emanzipierte Frau vor uns, die sich nicht an das zu halten brauchte, was in einfachen Kreisen als «schicklich» galt, sondern die gewohnt war, sich frei und unkonventionell zu benehmen. Und mir scheint, es ist gut, bei Jesus plötzlich eine emanzipierte Frau zu finden und ihn von ihr – gerade von ihr! – sagen zu hören: «Wahrlich, ich sage euch: Wo immer das Evangelium verkündet wird in der ganzen Welt, da wird auch das, was sie getan hat, erzählt werden zu ihrem Gedenken.»

Dabei ist, was die Frau tut, unbeholfen bis peinlich. Man muss sich nur deutlich vorstellen: einen so unversehens begossenen, nach Salbe überaus duftenden Jesus! Die Szene könnte komisch sein. Der Begossene könnte unwirsch, zornig reagieren. Jesus bleibt von vollkommener Geistesgegenwart. Es ist die Gegenwart des Heiligen Geistes, der ihm das seltsam undurchsichtige Benehmen der Frau transparent macht.

Wie die Jünger «murren» über die Verschwendung und nicht nur die brave Ansicht äussern, die Nardensalbe wäre besser verkauft und die 500 Franken den Armen gespendet worden, sondern die Frau auch noch anfahren, macht sich Jesus zum Anwalt der Frau: «Die Armen habt ihr allezeit bei euch, und sooft ihr wollt, könnt ihr ihnen wohltun. Mich aber habt ihr nicht allezeit. Was sie konnte, hat sie getan; sie nahm vorweg, meinen Leib zum Begräbnis zu salben.»

Wohlverstanden: Das ist die Deutung, die Jesus dem Auftritt der Dame gibt. Diese selbst hat vielleicht nicht so weit, nicht an die Vorwegnahme einer Salbung des Leichnams gedacht. Oder etwa doch?

Wenn die Dame aus den oberen Kreisen Jerusalems stammt – sind das nicht die gleichen Kreise, die, wie wir hörten, jetzt darüber beraten, wie sie Jesus «mit List festnehmen und töten könnten»? Sollte die Frau am Ende wissen, was geplant wurde? Sollte sie sich aus der Stadt weggestohlen haben, um noch irgendetwas für den zum Tode Bestimmten zu tun – ganz unbeholfen, ganz spontan? Wobei ihr nichts als ein Gefäss mit teurer Nardensalbe mitzunehmen einfiel?

Wir hätten in dieser Frau dann sozusagen das Gegenstück zu Judas Ischarioth. Judas ging von Jesus «fort zu den Hohenpriestern, um ihn an sie zu verraten». Die Frau dagegen geht aus dem Kreis der Hohenpriester und Schriftgelehrten fort zu Jesus. Judas glaubt nicht mehr, dass Jesus der Christus sei. Die Frau jedoch scheint, wenn nicht zu glauben, so doch zu ahnen, dass er der Christus sei.

Christus heisst wörtlich: der Gesalbte. Die Salbung besagte bei den alttestamentlichen Königen und Propheten: von Gott mit dem Geiste Gottes gesalbt, d. h. beschenkt werden. Solche Salbung durch Gott wurde vergegenwärtigt in der sichtbaren Salbung mit Öl.

Bis jetzt ist Jesus nie sichtbar gesalbt worden. Erst hier, erst kurz vor der Kreuzigung, wird die Salbung des Gesalbten nachgeholt, auf unkonventionelle Weise, durch eine unkonventionelle, anonyme Frau. Falls die Frau wusste, was Jesus bevorstand, wollte sie vielleicht mit ihrer «schönen Tat» bezeugen: Auch wenn sie dich töten werden – für mich bist du der Christus (der Gesalbte)!

Und selbst, wenn die Frau das alles nicht so bewusst gedacht und getan hat: Ihre spontane Handlung bekommt jetzt genau diesen Sinn, diesen Stellenwert.

Als Gesalbter, als Christus, geht Jesus jetzt seiner Verhaftung, seinem Tod entgegen. Gesalbt nicht durch Priester oder König, auch nicht durch seine Jünger, sondern durch diese anonyme, emanzipierte Weltdame! Was für eine Verheissung leuchtet hier auf: Die Welt bricht in die Kirche ein, um Jesus zum Christus, zu ihrem Messias zu salben! Die Welt tut es!

Uns in der Kirche müsste das nachdenklich machen. Wir arbeiten viel in der Kirche, arbeiten sozial, arbeiten mit und an der Bibel, es geschehen viele gute Taten. Aber wie steht es mit den freien, spontanen, «schönen» Taten? Erst die «schöne Tat» setzt den guten Taten die Krone auf, den letzten Glanz. Erst die «schöne Tat», die sich absichtslos, ungeplant verschwendet, erhebt Jesus aus einem Lehrer und Vorbild zum Christus, zum Gesalbten, zum Geliebten. Wo sind unsere «schönen» Taten?

Ich las einmal, ich glaube bei Heinrich Böll, den Satz: «Wir sollten Gott trösten.» Ein seltsamer Satz! Aber vielleicht trifft er, was hier die Frau mit ihrer Salbung wollte. Gott ist unter uns der Verlassene, Einsame, Verworfene. Nach wie vor steht unsere Welt im Zeichen der Gottesverwerfung, im Zeichen des Kreuzes. «Wir sollten Gott trösten», das will vielleicht heissen: Wir sollten etwas für ihn tun, was von uns nicht verlangt und erwartet wird. Wir sollten vielleicht mit ihm reden, auch wenn wir nicht gerade etwas von ihm zu erbitten haben. Wir sollten und könnten ihn loben, auch ohne besonderen Grund und Anlass. Wir könnten ihm einen Gedanken, einen Seufzer, ein Lächeln widmen auch einfach so, wenn ER uns einfällt, ausserhalb von Kirche und stillem Kämmerlein: unterwegs, im Auto, bei der Arbeit, in der Turnstunde, mitten in einer hitzigen Diskussion über das Juraproblem.

Was wir *so* tun, ohne dass es von uns verlangt oder erwartet wird, das Spontane, Überraschende, das keineswegs zum Pflichtpensum gehört – *das* gibt unserem eigenen Leben Glanz, *darin* kommt Gott selber zum Leuchten. Wie hier: in der «schönen Tat» der Frau in Bethanien.

(Mitte 1960er-Jahre)

Das Abendmahl

Und als es Abend geworden war, kam er mit den Zwölfen. Und während sie zu Tische lagen und assen, sprach Jesus: Wahrlich, ich sage euch: Einer von euch wird mich verraten, einer, der mit mir isst. Sie fingen an, betrübt zu werden und einer nach dem andern zu ihm zu sagen: Doch nicht ich? Er aber sprach zu ihnen: Einer von den Zwölfen, der mit mir in die Schüssel taucht. Denn der Sohn des Menschen zwar geht dahin, wie von ihm geschrieben steht; aber wehe dem Menschen, durch den der Sohn des Menschen verraten wird! Es wäre ihm besser, wenn er nicht geboren wäre, jener Mensch. Und als sie assen, nahm er Brot, sprach das Dankgebet darüber, brach es, gab es ihnen und sagte: Nehmet! Das ist mein Leib. Und er nahm den Kelch, sprach das Dankgebet darüber und gab ihnen denselben; und sie tranken alle daraus. Und er sprach zu ihnen: Das ist mein Blut des Bundes, das für viele vergossen wird. Wahrlich, ich sage euch: Ich werde vom Gewächs des Weinstocks nicht mehr trinken bis zu jenem Tage, wo ich es neu trinken werde in der Herrschaft Gottes.

Markus 14,17–25

Man bezeichnet das Geschehen, von dem Markus hier berichtet, gelegentlich als «Einsetzung des Abendmahls».

Doch ich suche in diesem Text vergeblich nach etwas, was man «Einsetzung des Abendmahls» nennen könnte. Wenn hier ein «Mahl», d. h. eine Mahlzeit arrangiert, vorbereitet und dann eingesetzt wird, so ist es jene Passamahlzeit, die die Juden jedes Jahr begehen zur Vergegenwärtigung der Befreiung Israels aus Ägypten. Mitten in dieser Mahlzeit, während Essen und Trinken in Gang ist, bricht Jesus das Brot und gibt es den Jüngern: «Nehmet! Das ist mein Leib!» Und nachher lässt er den Becher kreisen und sagt: «Das ist mein Blut des Bundes, das für viele vergossen wird!»

Es handelt sich also um Handlungen *inmitten* einer Mahlzeit. Markus berichtet von Tischgesprächen, die schon vorher geführt wurden, besonders von der dramatischen Ankündigung Jesu, dass einer der Jünger – sein Name wird nicht genannt – ihn verraten werde.

Dass Jesus das Abendmahl als selbständige Feier, als spezielle Mahlzeit eingesetzt hätte – davon findet sich hier keine Spur.

Lukas und Paulus in ihren Abendmahlsberichten überliefern die Aufforderung des Herrn: «Das tut zu meinem Gedächtnis!» (Lk 22,19; 1Kor 11,24.25) Aber auch damit ist nicht etwa an eine selbständige Abendmahlsfeier gedacht. Das dürfte die Art und Weise beweisen, wie die frühen Christengemeinden in Jerusalem und Korinth das Abendmahl begingen. Auch bei ihnen war das Abendmahl offenbar keine selbständige Feier, sondern eingebettet in eine Gemeinschaftsmahlzeit (Apg 2,42; 1Kor 11,20.21).

Solche Gemeinschaftsmahlzeiten sind auch bei uns eingeführt. In der sogenannten «Agape» findet sich unsere Gemeinde, bzw. wer aus der Gemeinde gerade kann und will, zu einem gemeinsamen Nachtessen zusammen. Man sitzt zusammen, man tafelt, plaudert, hört sich kurze Tischreden und nachher vielleicht einen Vortrag an. Bei uns gibt es das alle Jahre einmal. Die frühen Christen kamen häufiger so zusammen. Es muss dabei oft recht fröhlich und munter zugegangen sein. Mitten nun in einer solchen Gemeindemahlzeit, vielleicht auch zu Beginn, das weiss ich nicht, das war vielleicht auch nicht festgelegt – jedenfalls irgendwann im Verlauf einer solchen Mahlzeit wurde Brot gebrochen, wurden die Becher erhoben (oder in Umlauf gesetzt) zum Lobe des Herrn, der am Kreuz gestorben ist und sein Blut vergossen hat «für viele».

Das Abendmahl hatte also seinen Sitz im Leben der Gemeinde: Es fand dort statt, wo man zusammen ass und trank.

Vermutlich scheute man sich auch nicht, es zu Hause, am Familientisch zu feiern, sei's als Anfang, als Höhepunkt oder als Abschluss einer Mahlzeit.

Erst später machte man rund um die entscheidenden Worte Jesu «Das ist mein Leib», «Das ist mein Blut» selbständige kirchliche Feiern, herausgelöst aus dem Zusammenhang einer richtigen Mahlzeit, deren «Weltlichkeit» einen plötzlich störte. Damit freilich begab man sich auf den Weg zum katholischen Sakrament und Sakramentalismus. Mir will scheinen, dass in dieser Herauslösung des Abendmahls aus dem Zusammenhang der Gemeindemahlzeiten unsere heutige Abendmahlsnot mit begründet sein dürfte. Diese Not besteht nicht darin, dass der Abendmahlsbesuch schlecht ist. Das trifft weithin gar nicht zu. Die Not besteht darin, dass, auch bei gutem Abendmahlsbesuch, das Abendmahl unserem realen Leben seltsam beziehungslos gegenübersteht und dass sich in ihm viel steife Feierlichkeit angesetzt hat. Darum fragt es sich, ob wir uns nicht mit dem Gedanken wenigstens beschäftigen sollten, das Abendmahl aus der jetzigen Isolierung und Beziehungslosigkeit zur Welt zu befreien und es wieder zu begehen, wie es ursprünglich gefeiert worden ist, nämlich in unzeremoniellen Tischgemeinschaften, als Bestandteil nicht nur von Gottesdiensten, sondern von Ess- und Trinkzusammenkünften der Gemeinde.

Vielleicht erscheinen Ihnen diese Gedanken bizarr und ungewohnt, und Sie fragen sich, wieso ein Pfarrer auf solche Ideen kommt. Aber es sind nicht meine Spezialideen. Es sind Einsichten und Gedanken, die heute von manchen Theologen diskutiert werden. Und diese Einsichten und Gedanken haben etwas für sich. Sie haben vor allem, so scheint mir, die Bibel für sich!

Es ist doch wohl kein Zufall, dass Jesus ausgerechnet während einer Mahlzeit und gerade mit Brot und Wein den Sinn seines Todes demonstriert! Vergegenwärtigen wir uns jene Situation: Noch in der gleichen Nacht wird er verhaftet werden. Seine Jünger sind darauf kaum gefasst. Vermutlich träumen sie immer noch von Sieg und Triumph, nicht von Verfolgung und

Kreuz. Es ist also vorauszusehen, dass Verhaftung, Prozess und Kreuzigung die Jünger völlig aus der Bahn, aus dem Glauben werfen könnten.

Was Jesus während der Mahlzeit tut und sagt, hat deshalb den Sinn, die Jünger auf das Kommende vorzubereiten. So kündigt er zunächst den Verrat an. In die Unruhe hinein, die dieser Ankündigung folgt, sagt er nachher, mit dem Brot in der Hand und es verteilend: «Nehmet! Das ist mein Leib!» Und ebenso lässt er den Becher kreisen und sagt nach einem Dankgebet: «Das ist mein Blut des Bundes, das für viele vergossen wird.»

Der Sinn dieser Handlung und dieser Worte ist eindeutig. Jesus kündigt den Jüngern seinen Tod an: sein Leib, sein Blut – gebrochen, vergossen. – Als Zeichen der *Todes*ankündigung wählt er ausgerechnet zwei *Lebens*mittel!

Ich glaube nicht, dass das ein Zufall ist, weil diese Lebensmittel gerade zur Hand waren. Brot und Wein besagen doch: Jesu *Tod* wird für die Jünger – und nicht nur für sie, sondern für «viele» – zum *Lebens-Mittel* werden! Sein Tod ist der Aufbaustoff, das Vitamin ihres künftigen Lebens. Ist also nicht nur Unheil, nicht nur Katastrophe, sondern: das Heil, der neue Anfang, das neue Leben.

«Das ist mein Blut des Bundes, das für viele vergossen wird.» Wie die Bundesschliessung am Sinai zur Zeit des Mose mit dem Blut von Opfertieren besiegelt wurde (2. Mose 24,8), so soll jetzt ein neuer Bund mit dem Blut Jesu Christi besiegelt werden. Und dieser Bund wird nicht nur den Jüngern, sondern allen Menschen neue Zukunft schenken. Jesus sagt zwar, sein Blut werde «für viele» vergossen. Das hat seinen Grund darin, dass im Aramäischen, dem hebräischen Dialekt, den Jesus sprach, das Wort «alle» nicht existierte. Es gab nur das Wort «viele», das eben auch dann verwendet wurde, wenn man «alle» zu sagen wünschte. So neigen die Ausleger hier dazu, das «viele» im Sinn von «alle» zu verstehen.

Wir sehen also: Jesus schärft bei seinem letzten Zusammensein mit den Jüngern diesen im Abendmahl ein, dass sein Tod – trotz gegenseitigem Anschein – nicht sinnlos ist. Vermutlich haben die Jünger das damals, im Moment selber, noch nicht oder kaum völlig begreifen können. Doch jedes Mal, wenn sie später wieder zusammen waren und assen, trat ihnen das, was Jesus am Tische getan und gesagt hatte, neu vor Augen.

Sie kennen sicher die Geschichte von den zwei Jüngern, die nach der Kreuzigung und als bereits die ersten Gerüchte und Meldungen über eine Auferstehung des Herrn im Umlauf waren, von Jerusalem hinaus nach dem Vorort Emmaus wanderten. Plötzlich ging da ein Dritter mit ihnen und schaltete sich in ihre Gespräche ein. Sie erkannten ihn nicht. Erst als sie zum Nachtessen in eine Wirtschaft von Emmaus einkehrten und der Fremde dort am Tisch das Brot brach, fiel es den Zweien wie Schuppen von den Augen: Es ist der Herr! (Lk 24,31).

Am Tisch einer dörflichen Wirtschaft also fand das Abendmahl seine Fortsetzung – jetzt aber mit dem auferstandenen Herrn!

Und so, in der Freude über die Auferstehung des Herrn, wurde das Abendmahl fortan von den Christen gefeiert. Es wurde gefeiert bei ihren Mahlzeiten, zu denen sie zusammen kamen. Es wurde gefeiert, wie die Apostelgeschichte erzählt, mit Jubel und Frohlocken, in unfeierlich fröhlichen Feiern (Apg 2,46).

Wie hätten sie nicht jubeln und frohlocken sollen? Brot und Wein waren jetzt erst recht Zeichen des neuen Lebens: Sie vergegenwärtigten das Geheimnis, dass aus dem Tod des Einen Leben für viele, für alle, entsprang. Mit Jubel, mit Frohlocken wurde gefeiert, weil die Auferweckung des Gekreuzigten Gottes Bestätigung war für die Kraft und Zukunft der Kreuzesversöhnung.

Noch aus einem weiteren Grunde jubelten sie. Am Gründonnerstagabend hatte Jesus am Tisch gesagt: «Wahrlich, ich sage euch: Ich werde vom Gewächs des Weinstocks nicht mehr trinken bis zu jenem Tage, wo ich es neu trinken werde in der Herrschaft Gottes.»

Mit diesem Satz hat Jesus den Blick in jene Zukunft geöffnet, die Gott unserer Welt schenken wird und die mit dem Kreuz begonnen hat, in die Zukunft einer mit Gott für immer versöhnten Menschheit. Durch die Auferstehung Christi ist diese Zukunftshoffnung zur Zukunftsgewissheit geworden. Darum beim Abendmahl der Urgemeinde dieses Jubeln und Frohlocken – dem Reiche Gottes entgegen! Das Herrenmahl wurde zum Mahl des kommenden Herrn.

Auch wir dürfen unser Abendmahl mit Jubel und Frohlocken feiern! Nicht so, als stünde Jesu Tod erst noch bevor. Nicht so, als müssten wir den Karfreitag noch einmal wiederholen oder wäre Jesus für immer gestorben und könnten wir nur noch traurig sein. Keine Karfreitagsstimmung also! Der Karfreitag ist vorbei. Wir brauchen den Tod Jesu nicht noch und noch zu beklagen. Er ist auferstanden! Wir stehen im Licht seiner Auferstehung und erwarten sein Kommen zum *grossen* Abendmahl! Wenn der Abendmahlstisch in unseren Kirchen gedeckt wird, dann in der Freude auf den Tag, da er wieder mit uns zu Tische sitzen wird. Dann aber für immer. Dann zum ewigen Fest.

Daraufhin dürfen, sollen wir uns freuen!

Darum helft, dass unser Abendmahl wieder fröhlicher wird! Es hängt von uns selber ab und von der Art, *wie* wir zum Tische kommen. Ihr habt jetzt gehört: Wir haben guten Grund, dankbar und fröhlich zu kommen.

(Mitte 1960er-Jahre)

Einsames Wagnis

Und da schon der Tag sich neigte – denn es war Rüsttag, das ist der Tag vor dem Sabbat –, kam Joseph von Arimathia, ein vornehmer Ratsherr, der selbst auch auf die Herrschaft Gottes wartete, und wagte es, ging zu Pilatus und erbat sich den Leichnam Jesu. Pilatus wunderte sich, dass er schon tot sei, liess den Hauptmann zu sich rufen und fragte ihn, ob er schon gestorben sei. Und als er es vom Hauptmann erfahren hatte, schenkte er die Leiche dem Joseph. Dieser kaufte Leinwand, nahm ihn herab, hüllte ihn in die Leinwand, legte ihn in eine Gruft, die in einen Felsen gehauen war, und wälzte einen Stein vor die Türe der Gruft. Maria aus Magdala aber und die Maria des Joses sahen, wo er hingelegt worden war.

Markus 15,42–47

Es gab (und gibt wohl noch heute) keine definitive und feststellbare Grenze, die ein für alle Mal die Anhänger von den Nicht-Anhängern Jesu scheidet. Mit Überraschungen ist immer zu rechnen, mit Etikettierungen («der gehört dazu – jener nicht») gilt es so vorsichtig wie möglich zu sein. Wer hätte z. B. sich denken können, dass der Ratsherr Joseph von Arimathia, d. h. ein Mitglied jenes Hohen Rates, der Jesus zum Tod verurteilte, sich plötzlich für diesen Jesus, wenn auch nur für seinen Leichnam, einsetzt? Damit ist noch nicht gesagt, dass Joseph ein Anhänger Jesu gewesen sei. Aber er war einer, «der selbst auch auf die Herrschaft Gottes wartete» und dadurch offenbar der Person und der Botschaft Jesu (Mk 1,15) innerlich nahestand, wenn auch zunächst nur heimlich und vielleicht noch mit allerlei kritischen Vorbehalten. Doch jetzt, nachdem Jesus in Eile und unter Missachtung des Rechts verurteilt und hingerichtet worden ist, bricht in diesem Ratsherrn die sozusagen elementar christliche Reaktion durch: Er nimmt Partei für das Opfer. Er «wagte es, ging zu Pilatus und erbat sich den Leichnam Jesu». «Er *wagte* es»: Die Intervention war riskant, weil in diesem Augenblick, angesichts der angeheizten Volksstimmung in Jerusalem, unpopulär. Vielleicht war es ein Wagnis aber auch deshalb, weil, wie wir schon früher andeuteten, Rom durch seinen Statthalter am Verfahren gegen Jesus doch stärker beteiligt war, als die evangelischen Quellen vermuten lassen. Wie immer: Joseph von Arimathia *wagte* es. Er setzt sich dem Verdacht aus, zu der vermeintlichen «Verschwörung» zu gehören. Doch Pilatus, nachdem er den Tod Jesu bestätigt bekommen hat, willfahrt der Bitte – wie er schon vorher den Bitten um Jesu Kreuzigung nachgekommen ist. Pilatus ist offensichtlich der, der es mit niemandem verderben möchte, sofern er «vornehm» und einflussreich ist – denn Pilatus denkt an seine eigene Position. Also gibt er auch jetzt den Leichnam heraus, gewährt grosszügig die makabre Gabe: «Er schenkte die Leiche dem Joseph.»

Halten wir jetzt einfach fest: Jesu Tod hat zunächst für ganz oder halb Aussenstehende die überraschendsten Wirkungen. Da war dieser Hauptmann mit seinem Ausruf: «Dieser ist in Wahrheit Gottes Sohn gewesen.» (Mk 15,39) Und da ist jetzt dieser Joseph, Ratsherr des Hohen Rates, einer der «oberen Zehntausend», der als erster demonstriert, was Christ-Sein auf alle Fälle immer heisst: Parteinahme für die Opfer weltlicher und kirchlicher Machtwillkür oder Klassenjustiz. Gewiss, solche Solidarität ist oft ohnmächtig genug und ändert an den Verhältnissen, die zur Opferung der Opfer führten, zunächst nichts. Joseph erreicht nichts als die Herausgabe eines Leichnams. Und doch riskiert er für diesen Leichnam seinen Ruf! Immerhin muss er sein Werk, zusammen mit seinen Dienern, in aller Öffentlichkeit tun, muss den toten Jesus vor aller Augen vom Kreuz herabnehmen und in die Privatgruft (vermutlich in seinem Garten oder Park) tragen lassen. Darum können die Frauen, die noch immer beim Kreuz stehen, vorsichtig folgen und ausspähen, wo das Grab ist.

Mit Gehenkten war es sonst so, dass sie in einem Gemeinschaftsgrab anonym beerdigt wurden. Im Übrigen gab es damals überhaupt keine öffentlichen Friedhöfe in unserem Sinne: Vornehme, reiche Leute wie Joseph hatten ihre privaten Grabkammern, weniger Begüterte legten ihre Verstorbenen in natürliche Höhlen, und nur die Armen begruben ihre Toten in der Erde. Es gab auch keine zeremoniellen Beerdigungen wie bei uns, keine Trauerfeiern und Abdankungsliturgien. Die Angehörigen trugen den Toten einfach hinaus und legten ihn ins Grab. In diesem Sinne hat Jesus die übliche Bestattung bekommen, wobei aussergewöhnlich nur das ist, dass der «Angehörige», der ihn zu Grabe trägt, einer ist, den Jesus vermutlich gar nicht gekannt hat.

So findet der tote Jesus, von sehr unerwarteter Seite her, einen «Angehörigen»: einen, der sich ihm verpflichtet fühlt, der ihm einen (scheinbar letzten) Liebesdienst erweist. Ist dieser Ratsherr nicht wie ein erster Hinweis auf jene vielen, die später als «Heilige» die Gemeinde Christi bilden werden? Sie nannten sich zunächst nicht Christen, sondern «Heilige». Und «heilig» bedeutet: «zu Gott gehörig», «zu Christus gehörig» – nun freilich zugehörig zum *auferweckten* Christus! Joseph von Arimathia indessen ist dem *toten* Jesus ein An- und Zugehöriger geworden. Menschlich gesehen bedeutete das fast mehr, denn es war – am Karfreitag! – Zugehörigkeit zu einer verlorenen Sache, zu einem scheinbar Gescheiterten, war einsame Solidarität auf verlorenem Posten.

Diese Karfreitagssituation kann immer wieder und so lange eintreten, als Christus in dieser Welt umstritten, umkämpft ist. Es kann jedem von uns geschehen, dass er sich plötzlich in Solidarität mit Christus auf verlorenem Posten sieht und alles rings um uns dunkel und aussichtslos erscheint. Beispiele sind unnötig. Joseph von Arimathia ist Beispiel genug. Im Moment, wo die Jünger geflohen und alle Verbliebenen gegen den Gekreuzigten sind, bekennt er sich tätig zu ihm. Später, wenn der Auferstandene wiederum viele «Zugehörige», viele «Heilige» hat, vernehmen wir nichts mehr von Joseph. Offenbar war er ein Mann, der nicht versucht hat, auf Grund seiner einzigartigen Intervention am Karfreitag später eine Rolle in der christlichen Gemeinde zu spielen – ja wir wissen nicht einmal, ob er sich dieser Gemeinde überhaupt angeschlossen hat.

Ist Joseph von Arimathia also so etwas wie der Prototyp dessen, was man heute als «anonyme» oder als «latente» Christen bezeichnet? Prototyp jener wenigen oder vielen (Gott allein kennt sie), die in der Kirche nicht hervortreten, vielleicht nicht einmal recht dabei sind, aber im entscheidenden Moment das Notwendige und Bekenntnishafte einfach tun?

Auf jeden Fall: Gott hat «Heilige», hat ihm «Zugehörige», von denen wir keine Ahnung haben. Sein Volk ist geheimnisvoll grösser als die Schar der Kirchgänger – wie es schon geheimnisvoll grösser war als der Jüngerkreis. Und das heisst: Wir dürfen über scheinbar «Unkirchliche» nicht so vorschnell urteilen, wie wir es oft tun. Wir sollen ihnen so begegnen, als gehörten auch sie, gerade sie, zum grösseren Volk Gottes, zu den geheimnisvoll «anonymen» und «latenten» Christen. Mit anderen Worten: Wir sollen jeden, auch den sogenannt unkirchlichen, Mitmenschen im Bilde dieses Joseph von Arimathia, und das heisst im Licht einer Erwählung und Verheissung sehen, die weit, weit über unser Urteilen und Meinen hinausgreift. Es ist schrecklich, wie schnell und fix wir übereinander definitive Urteile fällen. Diese Urteilerei, die meistens ja auch eine Verurteilerei ist, gehört zum noch nicht überwundenen Karfreitagscharakter der Welt. Als Christen, als Menschen, die um den weiten Vergebungs- und Auferstehungshorizont des göttlichen Handelns wissen, müssen wir mit dieser inkompetenten Richterei aufhören. Unsere Sendung, unsere Mission ist es, die Mitmenschen im weiten Horizont der göttlichen Gnade zu sehen – und ihnen *so* zu begegnen!

(Mitte 1960er-Jahre)

Ein Haus des Brotes

Liebe Gemeinde,

wir haben's gehört, in Bethlehem geschieht es:

Als sie in Bethlehem waren,
kam für Maria die Zeit ihrer Niederkunft,
und sie gebar ihren ersten Sohn.
                                                    Lukas 2,6

In Bethlehem geschieht es. «Beth» heisst «Haus»; unser Dialektwort «Beiz» stammt von diesem hebräischen Wort ab. Und «Lehem» heisst «Brot», im Mattenenglischen ist daraus «LEHM» geworden und das Wort «e Ligu-Lehm», ein Stück Brot.

«Bethlehem» heisst also «Haus des Brotes».

Hier wird der geboren, der später sagen wird: «Ich bin das Brot des Lebens», und der bei der letzten Mahlzeit vor seinem Tode Brot bricht, das er den Jüngern austeilt mit den Worten: «Nehmet, esset, das ist mein Leib.»

Hier in Bethlehem, dem Haus des Brotes, wird der geboren, der eines späteren Tages mit fünf Broten und zwei Fischen 5000 Menschen speist, so dass es danach heissen kann: «Und alle assen und wurden satt. Und sie hoben an Brocken zwölf Körbe voll auf.»

So ist Bethlehem nicht nur ein *Ort*, den man heute noch aufsuchen kann. Durch Jesus ist «Haus des Brotes» aus einem Ort zu einem *Versprechen* geworden: Die ganze Welt soll zu einem

«Haus des Brotes» werden. Das grundlegendste Menschenrecht ist das auf Brot, auf Nahrung.

Nie aber ist dieses Menschenrecht weniger respektiert worden als gerade heute. In einem Text des Dichters Erich Fried heisst es:

«Bethlehem heisst auf deutsch
Haus des Brotes.
Jetzt ist wieder ein Kind verhungert
Jetzt ist wieder ein Kind verhungert
Diesen Satz kannst du sagen
so oft du willst
    Während du ihn sagst
    verhungert wieder ein Kind
    denn du brauchst zu diesem Satz
    etwa zweieinhalb Sekunden
12 Millionen Kinder verhungern in jedem Jahr
Dabei werden nur die Kinder gezählt
im Alter von unter 5 Jahren.»

Rechnet man alle Kinder, so sind es an die 40 Millionen, die jährlich verhungern. Erich Fried nennt auch den Grund, weshalb das heute so ist:

«550 Milliarden Dollar
geben die Herren der Welt in einem Jahr aus
zum Schutz voreinander
Auch König Herodes hat damals
die Kinder in Bethlehem
sterben lassen
um seine Herrschaft zu schützen.»

Die Bomben der Rüstung, auch unserer schweizerischen Rüstung, fallen bereits jetzt als Hungerbomben, die jährlich gegen 40 Millionen Kinder töten. Mit einem Prozent der weltweiten Rüstungsaufwendungen könnten diese Kinder gerettet werden.

Es gibt keine Ausrede für uns: Rüstung ist Diebstahl an den Armen, Rüstung ist bethlehemitischer Kindermord in grossem Stil. Wer solche Tatsachen ohne Widerspruch, ohne Auflehnung hinnimmt, verhält sich zu Bethlehem nicht wie die Hirten oder die drei Weisen, sondern wie Herodes und seine Soldaten.

Liebe Gemeinde! Weihnachten heisst: Wir feiern das Kind in der Krippe. Doch gerade dieses Kind möchte nicht für sich allein betrachtet und gefeiert sein. Gerade dieses Kind ist solidarisch mit allen Kindern, am meisten mit denen, die wir wegen unseren Rüstungen verhungern lassen.

Doch wir wissen, wieviel innere Kraft es braucht, wieviel Mut vor allem, um dem allgemeinen Rüstungswahn widerstehen zu wollen, um ihm gegenüber an der Weihnachtsvision zäh festzuhalten, dass unsere Erde ein Beth-Lehem, ein Haus des Brotes für *alle* werden *soll* und auch werden *kann*.

Wo nehmen wir aber diese innere Kraft, diesen Mut her? Es ist keine Schande, sie nicht zu haben. Niemand hat sie von sich aus. In der Stille der Nacht ist sie über die Hirten gekommen, so dass sie aufbrachen und ihre Herden im Stich liessen. In der Stille der Nacht, bei der Beobachtung des Sternenhimmels, ist sie über die drei Sterndeuter gekommen, so dass sie aufbrachen zu ihrer strapaziösen Reise nach Bethlehem.

Und dazu eigentlich ist das Weihnachtsfest noch immer da, damit wir Stille finden und in der Stille ansprechbar werden für Gott. Er allein bringt Licht in unsere Finsternis. Er allein gibt uns Schwachen Kraft, um dem blinden und tödlichen Wahn widerstehen zu können, dessen Hoffnungslosigkeit sich in der absurden Formulierung eines Aussenministers spiegelt: «Wer abrüsten will, muss aufrüsten wollen.»

Für dergleichen Abstrusitäten hätten die Hirten, die drei Weisen, sich nicht von der Stelle gerührt, im Gegenteil. Aufgebrochen aus allem Bisherigen, aufgebrochen nach Bethlehem sind sie in der Hoffnung auf das Andere, auf das Neue, das mit dem messianischen Kind in die Welt gekommen ist.

Plötzlich haben sie die Kraft und den Mut bekommen, etwas Ungewöhnliches zu tun und mit ihrem Tun ein Bekenntnis abzulegen zu *dem* Gott, der eine befriedete Welt will, ein Haus des Brotes für alle, wo jedes Kind unbedroht und wohlgenährt strampeln und sich am Leben freuen kann. Wo es nämlich den Kindern, *allen* Kindern wohl ist, da ist es den Menschen insgesamt wohl: *Menschen* des *Wohlgefallens* im Frieden auf Erden.

Das ist die Weihnachtsvision. Das ist die uns gestellte Aufgabe! Wer auf dieses Ziel hin zu denken, zu leben und zu wirken beginnt, dem wird dazu auch Kraft geschenkt, in dem wird sozusagen Christus selber geboren, wie es in einem Spruch von Angelus Silesius heisst:

Wird Christus tausendmal in Bethlehem geboren
Und nicht in dir, so bist du ewiglich verloren.

Das ist eine Abwandlung des Pauluswortes: «Ich lebe, aber nun nicht mehr ich, sondern Christus lebt in mir.» (Gal 2,20)

Erst so wird es, abgesehen von Datum und Jahreszeit, wirklich Weihnachten werden: wenn Christus *in uns* zu leben, *durch uns* zu wirken beginnt.

AMEN

(24. Dezember 1982)

Das ewige Leben

Und siehe, ein Gesetzeskundiger trat auf, ihn zu versuchen und sagte: Meister, was muss ich tun, damit ich das ewige Leben ererbe?

Lukas 10,25

Liebe Gemeinde,

ob die Frage nach der Erlangung des ewigen Lebens im Ernst, als Gedankenspiel oder aus Perfidie gestellt worden ist, spielt keine Rolle.

Jesus hat sie ernst genommen.

Heute drängt sich eine Vorfrage auf, nämlich: Was ist mit dem «ewigen Leben» überhaupt gemeint? Wie sollen wir die Fragestellung von damals heute verstehen?

Sicher ist: Ewiges Leben ist keine quantitative Grösse. Also nicht eine unbegrenzte Lebensverlängerung oder Lebensfortsetzung.

Etwas hochmütig hat der Aufklärer Seume sich einst notiert: «Einige leben vor ihrem Tode. Einige nach ihrem Tode. Die meisten Menschen leben aber weder vor noch nach demselben; sie lassen sich gemächlich in die Welt herein und aus der Welt hinaus vegetieren.»

Ewiges Leben meint das Gegenteil solch dumpfen Vegetierens, meint Lebensqualität in der unendlichen Zeit, nicht Lebensquantität in einer endlosen Zeit.

Ursprung und Inbegriff aller Qualität aber ist Gott – wenn etwas von Gott behauptet werden darf, dann dies!

Daraus folgt: Ewiges Leben zu einer Grösse eigenen Rechts verselbständigen, heisst, es zu einem Nebengott oder Nebengötzen machen. Es gibt einen frommen Egoismus, der viel mehr am ewigen Weiterleben der eigenen Person als an Gottes Anspruch heute und jetzt orientiert ist. Diese Einstellung führt zu einer privatisierten und sentimentalen Vorstellung des ewigen Lebens. Eine Dame fragt einst Karl Barth, den Theologen: «Werden wir im ewigen Leben unsere Lieben wiedersehen?» Barths listige Antwort lautete: «Ja, aber auch die, die wir nicht lieben.»

Diese Antwort hat die Vorstellung der frommen Dame behutsam zu entprivatisieren und entsentimentalisieren versucht. Barth holt die Fragerin aus ihren ich-bezogenen Wunschträumen über das Nachher zurück in das Hier und Jetzt ihres Liebens und Nichtliebens. «Denn Nichtlieben ist Tod und Lieben ist Leben.» So sagt Raimundus Lullus im Mittelalter. Damit ist angedeutet, dass ewiges, d. h. qualifiziertes Leben ein solches ist, das aus der Liebe heraus gelebt wird.

Ursprung und Inbegriff aller Liebe aber ist Gott. So sagt es Jesus. So schrieb's Johannes in seinem ersten Brief: «Gott ist die Liebe.»

Wenn ewiges Leben ein durch Liebe qualifiziertes Leben ist, dann kann es nicht eine selbständige Grösse neben Gott, gleichsam ein Konkurrenz- oder Ersatzgott sein. Vielmehr ist ewiges, qualifiziertes Leben immer nur da, wo Gott zum Zuge kommt – gleichgültig, ob jetzt in unserer Lebenszeit oder auch nachher noch. Da wir aber über ein Leben nach dem Tod weder verfügen noch darüber irgendwelche Aussagen machen können, bleiben wir auf das Hier und Jetzt verwiesen. So soll es wohl auch sein. Weder im Alten Testament noch bei Jesus bedeutet ewiges Leben eine Flucht aus dem Diesseits, eine Droge, die uns die Lieblosigkeit dieser Welt vergessen lässt. Das Stichwort vom ewigen, aus der Liebe heraus gelebten Leben ist vielmehr Kampfansage an unsere individuelle und soziale Lieblosigkeit.

Nicht um das Jenseits müssen wir uns kümmern, wohl aber um das Diesseits. Das biblische Zentralwort «Gnade» besagt vor allem auch dies, dass wir uns nicht um das Jenseits zu sorgen brauchen, uns deshalb ganz dem Diesseits zuwenden sollen. Was nach dem Tod geschieht, können wir sorglos Gott überlassen. Das wird seine Sache sein. Doch was jetzt mit uns, mit unserer Welt geschieht, das geht uns an, das ist unsere Sache, weil wir hier als Mitarbeiter Gottes eingesetzt sind.

Vorhin, in der Taufe, ist ein Kind zum Mitarbeiter Gottes bestimmt und berufen worden. In jedem Kind, in jedem Menschen, unternimmt Gott einen Anlauf, einen neuen Vorstoss zu einer besseren Lebensqualität. Das rein biologische Leben ist ein Wunder, dem unsere Lebensführung, unsere Lebensqualität noch gar nicht entspricht. Dem puren Wunder der Existenz könnte erst eine Lebensführung gerecht werden, die alle Spielarten der Liebe, der Freundschaft, der Zärtlichkeit und Solidarität voll entfaltet. Stattdessen haben wir eine Kultur, die Leben vernichtet, verhindert und unterdrückt, die es uns schwer oder unmöglich macht, in allen Lebensbereichen aus der Liebe heraus zu leben und dem Mitmenschen in Liebe zu begegnen.

«Was muss ich tun, damit ich das ewige Leben ererbe?» wird er gefragt. «Ererben» heisst soviel wie beschenkt werden, ohne dass man sich das Erbe verdient hat. Und doch muss man offenbar etwas tun, um das qualifizierte Leben zu erlangen.

Die Frage scheint also einen Widerspruch zu enthalten. Altbekannte Probleme stellen sich ein. Nur aus Gnade, ohne eigenes Verdienst und ohne eigene Leistung wird uns das Leben zuteil, sagen die Einen und berufen sich auf die Reformatoren. Aber der Glaube ohne Werke, ohne eigene Leistungen ist tot, sagen die Anderen und berufen sich auf den Jakobusbrief.

Wenn man aber unter ewigem Leben nicht nur jenseitiges, sondern diesseitiges qualifiziertes Leben versteht, so wird diese Problemstellung doch etwas akademisch und theoretisch. Denn konkret ist Leben sowohl Geschenk wie Tat, sowohl Erbe wie eigene Verwirklichung. Und wenn es wahr ist, dass wir Mitarbeiter Gottes sind, dann greifen Gottes Tun und unser eigenes Tun ineinander. Darauf verweisen neutestamentliche Formulierungen wie «Gott in uns» – «wir in Gott» – «Christus in uns» – «wir in Christus». Und wahrscheinlich macht gerade das die neue Lebensqualität, das ewige Leben aus, dass Gottes Tun und unser Tun ineinandergreifen, dass das eine vom anderem kaum mehr unterscheidbar ist.

Ich schliesse mit einem Hinweis.

Am letzten Sonntag ist im amerikanischen Spital Neuilly bei Paris der betagte Jazzklarinettist Milton Mezz Mezzrow gestorben. Sein Leben war bewegt und in vieler Hinsicht recht unzimperlich. Aber eines macht einem gerade bei einem solchen Mann doch nachdenklich: Mezzrow war ein weisser Amerikaner jüdischer Herkunft. Aber lange schon vor dem letzten Weltkrieg solidarisierte er sich kompromisslos mit den bedrängten Schwarzen Amerikas. Er heiratete eine Schwarze, was ihm nie verziehen worden ist. Und er bestand darauf, dass in seinem Pass unter der Rubrik «Hautfarbe» eingetragen wurde: «black» – «schwarz».

Was Mezzrow daneben noch gewesen ist und getan hat, verblasst vor dieser kompromisslosen Solidarisierung mit den Bedrängten und Benachteiligten in den schwarzen Ghettos. Mit dieser für ihn folgenschweren Tat qualifizierte er sein Leben. Ob von ihm gewollt oder nicht: Er hat damit ein Stück Nachfolge Jesu betrieben, hat wahres, ewiges Leben aus der Liebe heraus bezeugt. Nach biblischer Typologie war er vielleicht ein Zöllner. Aber gerade in ihm hat der Anlauf Gottes ins Neue zu einem Durchbruch geführt. Wie wird das bei uns sein?

Vor einer Woche ist Mezzrow gestorben. Im Pariser Exil.

(13. August 1972)

Zwischen Tod und Geburt

Das sehnsüchtige Harren der Schöpfung wartet auf das Offenbarwerden der Herrlichkeit der Kinder Gottes. Denn der Nichtigkeit wurde die Schöpfung unterworfen, nicht, weil sie es wollte, sondern wegen des Unterwerfenden. Dies geschah auf Hoffnung hin, weil die Schöpfung selbst befreit werden soll von der Knechtschaft des Verderbens zur Freiheit der Herrlichkeit der Kinder Gottes. Denn wir wissen, dass die ganze Schöpfung insgesamt seufzt und in Geburtswehen liegt bis jetzt.
Römer 8,19–22

Ich mag die Bibel, weil sie so bodennah realistisch, zugleich so visionär ist.

Ich mag das Alte Testament, weil da so ungeschminkt von irdischer List und Lust, von Kampf und Grausamkeit die Rede ist. Zugleich aber pflanzt dasselbe Alte Testament visionäre Bilder von einer trotzdem gelingenden, trotzdem befriedeten Welt in unsere Köpfe und Herzen. Und diese Bilder, diese Visionen sind so stark, so elementar, dass sie zu jeder Zeit wieder auferstehen können, so wie etwa jetzt in West und Ost die Heilsvision der Propheten Micha und Jesaja: «Und sie werden ihre Schwerter zu Pflugscharen schmieden und ihre Spiesse zu Rebmessern.» (Micha 4,3)

Und dann, natürlich, mag ich das Neue Testament, weil in ihm erst recht die konfliktreiche Spannung vibriert zwischen dem, was ist, und dem, was trotzdem werden kann. Vom Kindermord in Bethlehem bis zur Hinrichtung Jesu, von der Steinigung des Stephanus bis ins blutrot gefärbte Märtyrerbuch der johanneischen Apokalypse bezeugt das Neue Testament die leidvolle, die grausame Realität unserer Welt. Gleichzeitig bricht in der Verkündigung Jesu, bricht im österlichen Triumph des Auferstandenen, bricht in der Vision vom neuen Jerusalem am Schluss der Bibel immer wieder die Hoffnung auf, dass wir Menschengeschöpfe und die von uns bestimmte Welt doch noch gelingen können.

Hier nun, im gehörten Paulus-Text, wird die ungeheure Spannung zwischen Realitätserfahrung und Utopie, zwischen Illusionslosigkeit und Hoffnung ausgedrückt im Bild einer schwangeren Frau, die sich in Geburtswehen windet: «Denn wir wissen, dass die ganze Schöpfung insgesamt seufzt und in Geburtswehen liegt bis jetzt.»

Wohlverstanden: Nicht die Menschheit allein mit ihrer problematischen Geschichte, auch die scheinbar geschichtslose Natur und so eben «die Schöpfung insgesamt», die Schöpfung als Geist und Leib, als Leben und Materie, seufzt und liegt in Geburtswehen «bis jetzt»!

Geburt bedeutet Krise auf Leben und Tod, heute zum Glück weniger als noch zur Zeit des Paulus, wo der Tod bei einer Geburt ständig mit anwesend war, wo die Mütter- und Säuglingssterblichkeit beträchtlich gewesen ist.

Krise also! Und wer dächte jetzt nicht an die Krise unserer heutigen Welt, in der es ebenfalls um Leben und Tod von uns allen geht, so dass sogar die Substanz der Welt auf dem Spiele steht, nämlich die Natur, von der wir leben, wie auch die eigene Natur, d. h. unsere biologische und erbbiologische Substanz.

Nein, wir wissen nicht, wie das noch kommen wird. Noch sind zu viele Optimisten, zu viele Verharmloser am Ruder, deren erstaunliche Angstlosigkeit uns wahrhaftig Angst machen muss.

Und dennoch besteht, solange wir atmen, die Möglichkeit, dass selbst diese totale Krise neues Leben hervorbringt, dass es sich dabei um Geburtswehen handelt. Wem das unmöglich vorkommt, dem sei mit Jesus gesagt: «Bei den Menschen ist's unmöglich, bei Gott aber sind alle Dinge möglich.» (Mt 19,26)

Hüten wir uns aber vor jenem finsteren Wunderglauben, wie er ja nicht nur vom amerikanischen Umweltminister vertreten wird, der bisherige Umweltschutzmassnahmen planmässig abbaut zur Freude der Industriellen und mit der fatalen Begründung, demnächst werde Jesus ohnehin wiederkommen, worauf dann sowieso alles gut werde.

Paulus sagt es anders. Nicht eigentlich auf die Wiederkunft Jesu wartet die Schöpfung, sondern: Das sehnsüchtige Harren der Schöpfung wartet auf «das Offenbarwerden der Herrlichkeit der Kinder Gottes», also darauf, dass *wir*, die Menschen, das werden, wozu wir bestimmt wären, nämlich Kinder Gottes, die mit der Schöpfung im Sinne des Schöpfers umgehen lernen, so dass alles, das Leben von uns Menschen und das Leben der Natur, im Glanz göttlicher Herrlichkeit und Fraulichkeit erstrahlen kann.

«Denn der Nichtigkeit wurde die Schöpfung unterworfen,
nicht, weil sie es wollte, sondern wegen des Unterwerfenden.»

Hier klingt wohl jene Stelle der Schöpfungserzählung an, wo Gott den Menschen beauftragt, die Erde treuhänderisch zu regieren (1. Mose 1,28).

Man mag bedauern, dass Gott uns Menschen so viel Macht verliehen hat. Dennoch bleibt es eine Tatsache, wir sehen's ja auf Schritt und Tritt: Das Schicksal der Erde ist abhängig vom Verhalten der Menschen. Darum können wir tatsächlich die gesamte irdische Schöpfung mit uns in den Abgrund der Nichtigkeit, des Nichts-Seins, reissen.

Die Natur selber will dies nicht, sie bleibt uns aber ausgeliefert, weil Gott sie unserer Obhut anvertraut hat. So jedenfalls glaube ich den Satz verstehen zu müssen: «Denn der Nichtigkeit wurde die Schöpfung unterworfen, nicht, weil sie es wollte, sondern wegen des Unterwerfenden» – d. h. wegen des Menschen, der sich die Erde unterwerfen kann, sich aber in seinem Grössen- und Profitwahn von Gott abgekehrt hat.

War es vielleicht also doch ein Irrtum von Gott, uns Menschen die Erde anzuvertrauen? Die Frage stellt sich, aber Paulus sagt: «Dies geschah auf Hoffnung hin, weil die Schöpfung selbst befreit werden soll von der Knechtschaft des Verderbens zur Freiheit der Kinder Gottes.»

Paulus glaubt also, dass Gott trotz allem auf uns Menschen hofft. Durch die «Knechtschaft des Verderbens», des Todes, wird unser heilloser Wahn begrenzt: eine Schutzmassnahme, keine endgültige Setzung! Gott hofft auf neue, verwandelte Menschen, die, von ihrem heillosen Wahn befreit, auch frei von der Knechtschaft des Verderbens werden können.

Wiederum: welch eine Vision, was für eine Perspektive! Sie zeigt eine Schöpfung, die noch nicht fertig ist. Vor allem wir, die Menschen, sind noch unfertig, sind offenbar noch nicht das, was wir sein könnten und was wir werden sollen. Ganz nah berührt sich die Vision des Paulus mit derjenigen des Johannes im 1. Johannesbrief: «Jetzt sind wir Kinder Gottes und noch ist nicht offenbar geworden, was wir sein werden. Wir wissen aber, dass wir, wenn es offenbar geworden ist, ihm gleich sein werden ...» (1Joh 3,2)

Auf diesen zukünftigen Menschen richtet sich «das sehnsüchtige Harren der Schöpfung», die aus unserer Hand jetzt so viel Unheil empfängt, einst aber ihr Heil empfangen soll. Darauf hofft Gott. Hoffte er nicht mehr darauf, so wären wir vermutlich schon nicht mehr da. So aber bleibt die Schöpfung trotz allem guter Hoffnung. Es mag seltsam tönen, wenn ich sage, dass Gott hofft. Meistens denken wir ja: Was er will, das tut er umgehend auch – was braucht er da noch zu hoffen?

Allein, das Geheimnis der Schöpfung besteht darin, dass hier alles mit allem zusammenhängt. Jeder Eingriff von aussen bringt alles, bringt das Ganze in Gefahr. So hat es der Schöpfer gewollt. Und darum bleibt das Schicksal der irdischen Schöpfung mit dem Verhalten der Menschen verknüpft, und Gott selber bildet durch Christus und durch seinen Heiligen Geist mit uns Menschen und mit der Schöpfung so etwas wie ein Biotop höherer Ordnung. Das, nur das, ist unsere Chance!

Gott handelt, Gott leidet, er leuchtet auf und er verdunkelt sich in der Art und Weise, wie wir, die Menschen, miteinander und mit der Schöpfung umgehen. Nichts kann ihn trennen von uns, seinen Geschöpfen, nichts kann ihn trennen von seiner Schöpfung. Es gibt keinen Bereich des privaten und des öffentlichen Lebens, in dem wir's nicht immerzu neu mit ihm zu tun bekämen, sei es in Erfahrungen der Niederlage und des Kreuzes, sei es in Erfahrungen der Auferstehung, wo man sie nicht mehr für möglich gehalten hat.

Das, liebe Gemeinde, habe ich während etwas mehr als 22 Jahren von dieser Kanzel aus zu predigen versucht. Dass ihr immer wieder so zahlreich gekommen seid, ermutigt mich im Glauben, dass Paulus nicht leere Worte macht, wenn er vom sehnsüchtigen Harren der Schöpfung spricht. Euer engagiertes Mitgehen ist mir selber zur Predigt geworden und bestärkt mich in der Gewissheit, dass zusammen mit der Schöpfung auch die Gemeinde Jesu Christi «in Geburtswehen» liegt auf das Neue hin, das kommen soll, auf das Reich Gottes.

Gebet
Deine Gegenwart,
o Gott,
gibt uns Mut zur Zukunft.
Deine Hoffnung stellt uns auf.
Gib uns, wir bitten Dich, mehr liebende Phantasie für einander,
mehr liebende Phantasie für die Schöpfung insgesamt.
Belebe Deine Kirche, hier in unserer Gemeinde
und überall in der Ökumene.
Lass uns nicht konfliktscheu werden im Kampf
für Deine Sache.
Verlass uns nicht im Leiden.
Denn Du bist das Leben auch unseres Lebens,
jetzt und in Ewigkeit.
Amen.

(Abschiedspredigt, 24. April 1983)

Der letzte Feind

*Als letzter Feind wird der Tod besiegt werden,
[...] damit Gott alles in allem sei.*

                                        1. Korinther 15,26 und 28

Liebe Joy,
liebe Trauerversammlung,

«Als letzter Feind wird der Tod besiegt werden.»
    Aber was soll uns jetzt ein solcher Satz?
    Jetzt ist doch das Gegenteil wahr: Der Tod ist der grosse, grässliche Sieger, Mani Matter ist der Besiegte, wir alle sind besiegt und zerschlagen. Dagegen kommen keine Worte auf, auch nicht Bibelworte. Dagegen helfen keine Zukunftsvisionen vom möglichen Tod des Todes. Wir leben jetzt, Mani Matter ist jetzt gestorben, wir müssen jetzt ohne ihn weiterleben. Und dieses *Jetzt* in der unheilen Welt kann durch keinen Ausblick auf eine ferne, heile Zukunft entschärft werden.
    Also keine vage Vertröstung.
    Mir ist an diesem Bibelwort etwas anderes wichtig, und darum kam es mir wohl auch in den Sinn: Kurzerhand wird hier der Tod als «Feind» bezeichnet, der letzte, weil schlimmste und mächtigste Feind, der Feind des Lebens, sogar der Feind Gottes.
    Ich bin froh, dass das so in der Bibel steht: unbeschönigt, kompromisslos. Dem Tod wird hier keine Reverenz erwiesen. Es wird auf ihn gezeigt und festgestellt: da – unser Feind.
    Mani Matter war unser Freund und dass er uns so genommen worden ist, verzeihen wir nicht. Wir protestieren dagegen mit dem ganzen Zorn unserer Trauer, auch wenn es nutzlos ist,

auch wenn der Tod stärker ist als wir. Der Tod mag die Macht haben – Recht hat er deswegen nicht.

Macht ist nicht gleich Recht. Als Jurist hat Mani Matter das sehr wohl gewusst. Der blossen Macht gegenüber war er kritisch. Seine Sympathie war eher bei den Machtlosen, den Schwachen und Unterliegenden.

Etwas von dieser kritischen Haltung aller Macht gegenüber müsste auch in unserem Verhältnis zur Macht des Todes zum Ausdruck kommen. Gegen diese Macht ist nichts auszurichten. Auf Grund eigener, früher Erfahrungen hat Mani Matter das gewusst. Schon in der Kindheit hat er seine Mutter verloren. Die Nachdenklichkeit über den Tod ist aus seinen Chansons nicht wegzudenken.

Aber zu viel Ehre wäre es, wenn wir mit der Macht des Todes nun auch noch kollaborieren, wenn wir sie rechtfertigen, ja gar vergöttlichen, mit Gott gleichsetzen wollten. Solche Ehre wird dem Tod in unserem Bibelwort nun gerade nicht erwiesen. Im Gegenteil: Hier wird ein deutlicher Trennungsstrich zwischen Gott und dem Tod gezogen. Hier wird die gängige Identifikation des Todes mit Gott zurückgewiesen.

Gewiss: Dadurch werden in uns neue, schwierige Fragen provoziert.

Dennoch ist es für mich eine Hilfe, wenn ich annehmen darf, dass Gott nicht einfach auf der Seite der Zerstörung und Vernichtung steht, sondern eher auf der Seite der Zerstörten und Vernichteten zu finden ist. Dass er ein Gott ist, der sich nicht in der Gestalt absoluter Allmacht und autoritärer Willkür zu erkennen gibt, sondern in der Gestalt eines Unterlegenen, Gekreuzigten, Besiegten.

Damit ist die Frage «Warum?» nicht beantwortet. Es ist nur festgestellt, dass es kaum angeht zu behaupten, Gott sei schon jetzt «alles in allem». Das ist er, nach unserem Bibelwort, gerade nicht. Lange nicht alles, was geschieht, kann auf Gott zurückgeführt werden. Hüten wir uns deshalb vor undifferenzierten Kurzschlüssen, mit denen wir nur uns selber beruhigen möchten. Halten wir uns an das, was wir im Denken und Reden verantworten können. Danken wir vor allem für das, was Mani Matter gewesen ist und uns allen in je verschiedener Weise bedeutet hat.

Beim Rückblick auf sein früh abgebrochenes, aber reiches und vielseitiges Leben kann ich mich auf Andeutungen beschränken. Sie haben ihn ja alle gekannt. Sie alle wissen mehr von ihm als gesagt werden kann und wissen ebenfalls, dass alles, was gesagt werden kann, zu wenig ist.

Mani Matter, am 4. August 1936 geboren, ist hier in Bern aufgewachsen. Wie bereits gesagt, hat er die Mutter relativ früh verloren. Nach der Matur hat er, der Sohn eines Juristen, sich ebenfalls der Jurisprudenz zugewendet und das Studium mit dem Fürsprecherexamen und danach auch mit dem juristischen Doktor abgeschlossen. Er blieb weiter an der juristischen Fakultät tätig als Assistent von Prof. Richard Bäumlin.

1963 verheiratete er sich mit Joy geb. Döbeli.

Ihrer Ehe wurden drei Kinder geschenkt. Für ein Jahr zog die ganze Familie nach England, wo Mani in Cambridge zur weiteren Ausbildung, aber auch zur Vorbereitung seiner Habilitation in Bern arbeitete. Die akademische Laufbahn stand ihm offen, ein anderer hätte noch so gerne zugegriffen, er nicht. Er zögerte, sich definitiv in eine Richtung festzulegen. So wechselte er zunächst einmal, als Rechtskonsulent der Stadt Bern, in die Verwaltung, wurde aber an der Universität zum Lehrbeauftragten für öffentliches Recht ernannt.

Die Übungen und Colloquien mit den Studenten, wo er sowohl Lehrender wie Lernender sein durfte, sagten ihm zu. Und umgekehrt wurde seine kritische Sachlichkeit und seine unpathetische, stets auf den Kern der Sache und auf die Praxis bezogene Denkart von den Studenten sehr geschätzt.

Ein Problem konnte noch so verwickelt und verwirrend sein, er hatte die Gabe, es transparent zu machen und auf die entscheidenden Punkte reduzieren zu können. Im Gespräch mit ihm entdeckte auch der Nicht-Jurist, was für eine hilfreiche und klärende Sache die Juristerei sein kann. Er wusste auch um die Fragwürdigkeit des Rechts, weil er ein Mensch war, der fragen konnte, der aber nicht unbedacht fragte, sondern zuerst zuhörte und überlegte. Diese Eigenschaften prädestinierten ihn für eine Beraterrolle, und es befriedigte ihn, diese Rolle als Rechtskonsulent der Stadt Bern sinnvoll und im Dienste der Gemeinde, ihrer Behörden und Menschen ausüben zu können. Als Mitglied und juristischer Berater hat er auch der Schriftstellergruppe Olten mit Umsicht geholfen und sie beraten, sowohl bei der Abfassung der Statuten wie in anderen schwierigen Fragen.

Sie wissen alle, dass Mani Matter ein oft verhaltener, nachdenklicher Mann war. Zugleich aber war er temperamentvoll und einfallsreich. Fast von Anfang an war er, zusammen mit anderen Freunden, beim Jungen Bern tätig und wies diesem mit seiner Klarsicht und politischen Leidenschaft die Richtung. Hier wie auch anderswo entfaltete sich seine Fähigkeit zur Freundschaft. Er war immer beides: herzlich und unbestechlich, treu und kritisch. Kein Wunder, dass sich um ihn herum ein Kreis von Freunden bildete, der fest zusammenhielt.

Am bekanntesten in der Schweiz herum ist Mani Matter als Berner Troubadour, als eigentlicher Vater der Berner Chansons geworden. Seine Texte bezeugen, so kurz sie sind, die schon erwähnte Fähigkeit, in wenigen Worten viel, in einem Bild, in einer Situation das Entscheidende zu sagen. Seine Lieder sind bald einmal Volksgut geworden, werden von Kindern verstanden und gesungen, mitsamt ihrer Hintergründigkeit, mitsamt ihrer trockenen, unpathetischen Kritik. Der seltene Fall trat ein, dass kleine intellektuelle Kunstwerke im besten Sinne volkstümlich geworden sind. Wie kaum ein anderer hat Mani Matter die Stadt Bern und ihre Sprache in der ganzen Schweiz neu profiliert, auf eine Art, die modern war, ohne die Tradition zu verleugnen.

Die Vielseitigkeit Mani Matters war nicht etwa Zerspaltenheit. Er blieb sich selber treu in all den verschiedenen Tätigkeitsbereichen und Ausdrucksformen. Er brauchte diese Vielseitigkeit, um ganz sich selber sein zu können. Noch jüngst sagte er, so wie jetzt sei es eigentlich richtig für ihn: Verwaltung, Universität und Singen. Viele haben ihm vieles zu danken.

Am meisten hat er seiner Frau, seinen drei Kindern gegeben. Ihr Verlust ist der grösste.

Ich sagte am Anfang: Die Nachdenklichkeit über den Tod ist aus Mani Matters Liedern nicht wegzudenken. Es ist, als hätten sich die schmerzlichen Kindheitseindrücke anlässlich des Todes der Mutter mit dunklen Vorahnungen verbunden. So wenigstens sieht es hinterher jetzt aus.

Sicher ist, dass Mani Matter das Problem des Todes nicht verdrängt hat, sondern ihm standzuhalten, es existentiell und menschlichen zu formulieren versuchte. Er wusste um die Zerbrechlichkeit des Lebens: Seine Menschlichkeit, aber auch die Intensität seines Lebens hatten vielleicht hier eine ihrer Wurzeln.

Dass er uns weggenommen wurde, zwingt uns, in seinem Tod auch den unsrigen zu bedenken. «Mitten im Leben sind wir vom Tode umfangen.» Das ändert aber nichts daran, dass der Tod unser Feind ist. Er hat die Macht, aber nicht das Recht auf seiner Seite. Der Gott Jesu hat ihn ins Unrecht versetzt. Darum die Auferstehung Christi am Ostermorgen. Darum dieser Satz des Paulus: «Als letzter Feind wird der Tod besiegt werden, ... damit Gott alles in allem sei.»

Zugegeben: Das ist nicht zu begreifen, ist nicht vorstellbar. Der reine Pragmatiker kann dazu nur den Kopf schütteln. Er hält sich an das Gegebene. Und gegeben ist vorerst einmal die Macht des Todes.

Aber ich kann nur einen Gott lieben, der nicht einfach eins ist mit dem Faktischen, der nicht einfach Repräsentant des Status quo ist. Ich kann nur auf einen Gott hoffen, der den jetzigen Mächten und damit auch der Macht des Todes kritisch gegenüber steht, dessen Handeln auf Veränderung aus ist. Darum bin ich froh, dass die Bibel das so feststellt: Der Tod ist nicht der Helfershelfer, er ist der Feind Gottes. Von diesem Gott verspreche ich mir etwas, ihm traue ich auch Hilfe zu: Hilfe für dich, Joy, und deine Kinder. Hilfe für uns, Hilfe für Mani.

Vor allem: Gegen den Tod, unter seinem feindlichen Zugriff, gilt es jetzt erst recht, zusammenzuhalten, einander zum Leben

zu ermutigen, so gut wir das können. Meistens können wir's zu wenig gut. Wenn wir in Gott unsern Leidens- und Bundesgenossen gegen den Tod erkennen, gelingt es uns vielleicht besser.
AMEN

(29. November 1972)

Ehe (1)

*Seid einander untertan in der Furcht Christi. Ihr Frauen, seid
euren Männern untertan als dem Herrn; denn der Mann ist das
Haupt der Frau wie auch Christus das Haupt der Kirche, er, der
Erlöser seines Leibes. Doch wie die Kirche Christus untertan ist,
so auch die Frauen den Männern in allem. Ihr Männer, liebet
eure Frauen, wie Christus die Kirche geliebt und sich für sie
dahingegeben hat, dass er sie heilige, da er sie durch das Was-
serbad im Wort gereinigt hat, damit er sich die Kirche herrlich
bereite, ohne Flecken, Runzel oder dergleichen, dass sie vielmehr
heilig und makellos sei. So sollen auch die Männer ihre Frauen
lieben als ihren eigenen Leib. Wer seine Frau liebt, liebt sich
selbst. Denn niemand hat je sein eigenes Fleisch gehasst, sondern
er nährt und pflegt es, wie auch Christus die Kirche. Denn wir
sind Glieder seines Leibes. «Deshalb wird der Mensch Vater und
Mutter verlassen und seinem Weibe anhangen, und sie werden
ein Fleisch sein.» Dieses Geheimnis ist gross; ich deute es auf
Christus und die Kirche. Jedenfalls sollt auch ihr, jeder einzelne
von euch, seine Frau so lieben wie sich selbst, die Frau aber soll
ihren Mann fürchten.*

Epheser 5,21–33

Liebe Gemeinde,

«Seid einander untertan in der Furcht Christi» – das ist sozusagen die Überschrift dieses ganzen Textes, ist eine Abwandlung
des Grundgebetes «Liebe deinen Nächsten wie dich selbst!».
Einander «untertan sein» könnte vielleicht so definiert werden:
Unser Denken und Tun soll nicht nur auf das eigene Ich, son-

dern ebenso sehr auf das Du unserer Mitmenschen ausgerichtet sein.

Nun muss ich freilich gestehen, dass mir die weitere Entfaltung dieses Satzes hier im Brief einige Mühe macht. Ich bitte Sie deshalb um Nachsicht, wenn ich, statt unseren Text nur auszulegen, stellenweise in ein Streitgespräch mit ihm gerate und also auch Sie in dieses Streitgespräch verwickle.

Der Hauptsatz «Seid einander untertan in der Furcht Christi» wird hier auf die Ehe angewendet. Aber das geschieht, möchte ich sagen, in einer zuweilen sehr zeitbedingten Weise. «Ihr Frauen, seid euren Männern untertan als dem Herrn; denn der Mann ist das Haupt der Frau, wie auch Christus das Haupt der Kirche, er, der Erlöser der Kirche». Der Satz «Seid einander untertan in der Furcht Christi» wird hier eingepasst in die damalige Sozialordnung, in der die Frau dem Manne rechtlich und sozial zum vornherein untergeordnet war. Soll man tadeln, dass die damalige und noch bis in die Neuzeit bestehende Unterordnung der Frau unter den Mann von den Christen nicht umgestürzt, sondern akzeptiert worden ist?

Ich würde die Frage verneinen. Es ist unmöglich, eine stabile Sozialordnung mit einem Schlag zu verändern. Vor allem kann man sie nicht mit Worten und Erkenntnissen allein verändern. Damit die partnerschaftliche Gleichberechtigung der Frau, auch in der Ehe, sich durchsetzen konnte, bedurfte es wirtschaftlicher Veränderungen und schliesslich auch jener medizinischen Entdeckungen, die die Methoden zur Empfängnisverhütung entwickelten. So erst konnte und kann die Frau aus ihrer Abhängigkeit vom Mann befreit werden, so erst konnte und kann sie aus der Untertanin zur freien Partnerin des Mannes werden.

Den Christen in der Antike blieb nichts anderes übrig, als sich der damals herrschenden Sitte und Norm anzupassen. Falsch scheint mir nur, wenn wir die Anpassung an die damalige Sozialordnung als eine Verewigung dieser Sozialordnung ausgeben und z. B. den Satz «Wie die Kirche Christus untertan ist, so auch die Frauen den Männern in allem» als unumstössliche Schöpfungs- und Naturordnung ansehen.

Es ist fast eine ironische Relativierung dessen, was hier über die Unterordnung der Frau gesagt wird, wenn in unserem Text der bekannte Satz aus dem Schöpfungsbericht zitiert wird: «Deshalb wird der Mensch Vater und Mutter verlassen und seinem Weibe anhangen und sie werden ein Fleisch sein.» Dieser Satz setzt nämlich nicht männerrechtliche, sondern mutterrechtliche Zustände voraus. Nicht die Frau verlässt ihre, sondern der Mann verlässt seine Familie und ordnet sich in die Familie der Frau ein. Der Satz enthält also Erinnerung an eine Sozialordnung, in der nicht der Mann, sondern die Frau übergeordnet war – also das genaue Gegenteil der männerrechtlichen Ordnung. Das zeigt, dass die Überordnung des Mannes über die Frau nie eine naturgegebene, ewige Schöpfungsordnung war. Es gab in der Geschichte auch schon das Gegenteil: die Überordnung der Frau über den Mann!

Fragt man, welche Form des Mann-Frau-Verhältnisses nach der Absicht Jesu Christi, ja nach der Absicht des Schöpfers die optimalste und beste ist, so ist es ein Verhältnis sozusagen geschwisterlicher Gleichberechtigung und Partnerschaft zwischen Mann und Frau. «Einer ist euer Meister, ihr alle aber seid Brüder!»

Nun muss man freilich zugeben, dass unser Text die Überordnung des Mannes über die Frau nicht plump begründet, wie es ja oft geschah. Es wird nicht gesagt, der Mann sei eben der Stärkere, oder der Gescheitere – oder was dergleichen Torheiten mehr sind. Das Verhältnis Mann–Frau in seiner damaligen Form wird gleichsam geadelt durch den Vergleich mit Christus, der der Herr seiner bräutlichen Kirche ist.

Damit wird das Denken im starren Sozialschema der damaligen Zeit bereits durchbrochen: Erstens ist die Herrschaft Christi über seine Kirche eine solche der Liebe, nicht eine solche der Gewalt. Und zweitens ist das Untertan-Sein der Kirche unter die Herrschaft Christi weder willenlose Unterwerfung noch resigniertes Dulden, sondern Befreiung zum sinnvollen Dienst.

Damit also, dass das Unterordnungsverhältnis Mann–Frau in Beziehung gesetzt wird zum Unterordnungsverhältnis Christus-Kirche, wurde hier bereits eine Mine mit Zeitzünder in die männerrechtliche Sozialordnung hineingelegt. Und jede Ehe, die so nach dem Modell Christi geführt wurde und geführt wird, ist bereits ein realisiertes Stück befreiter und gleichberechtigter Partnerschaft («in der Furcht Christi»).

Deshalb kann nun unser Text auch so nachdrücklich zu den Männern reden: «Ihr Männer, liebet eure Frauen, wie Christus die Kirche geliebt und sich für sie dahingegeben hat, dass er sie heilige ...» Vom Mann wird also noch fast mehr verlangt als von der Frau: Seine Liebe zur Frau soll ähnlich der selbsthingebenden Liebe Christi zur Kirche sein. Wem diese Analogie zu hoch gegriffen scheint, weil wir Männer auch in der christlichsten Ehe immer wieder Egoisten und wenig Christus-ähnlich sind, dem wird eine mehr natürliche Begründung für seine Liebespflicht gegeben: «So sollen auch die Männer ihre Frauen lieben als ihren eigenen Leib. Wer seine Frau liebt, liebt sich selbst. Denn niemand hat je sein eigenes Fleisch gehasst, sondern er nährt und pflegt es», – und nun folgt wieder der hier entscheidende Hinweis – «wie auch Christus die Kirche».

Zum Schluss heisst es: «Jedenfalls sollt auch ihr, jeder einzelne von euch, seine Frau so lieben wie sich selbst». Und dann wird nochmals die Frau angeredet, aber ich muss gestehen: Da komme ich wiederum nicht mit, denn es heisst – abschliessend – «Die Frau aber soll ihren Mann fürchten». Mit diesem Satz, so scheint mir wenigstens, kapituliert unser Text wieder vor dem Denk- und Verhaltensschema jener Zeit. Ich sehe zwar, dass die Furcht der Frau vor dem Mann hier parallel gesetzt ist zur «Furcht Christi», zu der wir ermahnt werden. Die einseitige Anwendung auf das Verhalten der Frau dem Manne gegenüber scheint mir aber fatal.

Natürlich ist ein Mann hie und da ganz gerne wie ein König gefürchtet. Aber das ist ja gerade seine Schwäche, sein Elend, sein schwacher Punkt. Ich würde vielmehr sagen: Eine Ehe, in der die Frau den Mann fürchtet, ist eine schlechte Ehe. Ich würde sogar meinen: Wenn man Furcht als Ehrfurcht interpretieren wollte, wird's nicht viel besser. Eine Frau, die ihrem

Mann Ehrfurcht entgegenbringt, ist noch nicht seine Partnerin, sondern immer noch seine Dienerin. Am besten ginge es wohl, wenn man statt «Furcht» das Wort «Respekt» setzen dürfte. Ohne dass man sich gegenseitig respektiert, gibt es keine Partnerschaft, keine Liebe, keine gemeinsam getragene Verantwortung, keine Ehe.

Liebe Gemeinde: Wir haben jetzt diesen Text kritisch überdacht, haben versucht, seine zeitbedingte Form zu erkennen. Was positiv zu unseren Ehen heute als Gottes Wort zu sagen ist, konnten wir erst andeuten. Sicher ist, dass wir uns als Schlüsselsatz merken müssen: «Seid einander untertan in der Furcht Christi» und «Wer seine Frau liebt, liebt sich selbst». Wobei dieser Satz auch in der Entsprechung gelten muss: «Wer seinen Mann liebt, liebt sich selbst».

AMEN

(Anfang 1970er-Jahre)

Ehe (2)

Liebe Gemeinde,

Wir haben letztes Mal die Zeitbedingtheit dieses Textes kritisch untersucht. Ich brauche also nicht mehr zu wiederholen, dass unser Text in einigen Formulierungen eine Anpassung an die männerrechtliche Sozialordnung der Antike enthält. Jetzt wollen wir zu erkennen versuchen, was uns unser Text als Richtlinie für unsere heutigen Ehen mitgibt.

Zunächst der Ehezweck. Im Alten Testament, aber auch in der Antike war der Zweck der Ehe nicht diese selbst, sondern die Nachkommenschaft. Die Frau war als Gebärerin eine Art Produktionsmittel in der Hand des Mannes, darum ja auch ihre untergeordnete Stellung. Bei den Griechen und im Hellenismus fand und suchte der verheiratete Mann Anregung und Gemeinschaft auswärts, bei den Hetären, den freien, gebildeten Frauen. Die Ehefrau zu Hause war nur für Haushalt und Kinder da.

Revolutionär an unserem Text ist nun, dass in ihm nicht mehr die Erzeugung von Nachkommenschaft, sondern die Partnerschaft zwischen Mann und Frau als Ehezweck proklamiert wird. Hier erscheint die Frau nicht mehr nur als Gebärerin und Magd, die den Haushalt besorgt, während der Mann Anregung und Erfüllung bei anderen Frauen findet. Hier werden Mann und Frau berufen, in geistiger und leiblicher Partnerschaft zusammenzuleben.

Das war damals revolutionär. Das ist heute, wo durch bewusste Familienplanung die Kinderzahl beschränkt bleiben kann, erst recht aktuell. Nicht die Kinder machen die Ehe aus, sondern die Liebesgemeinschaft der Eheleute. Von den Kindern ist in unserem Ehetext überhaupt nicht die Rede.

Dazu eine Anmerkung: Es ist oft falsch, wenn zwei junge Leute sich nur deshalb heiraten, weil ein Kind unterwegs ist. Die Tatsache allein, dass ein Kind kommt, stiftet keine Ehe. Ich begreife es zwar, wenn in den meisten Fällen trotzdem geheiratet wird, weil in unserer Gesellschaft eine uneheliche Mutter und ein uneheliches Kind immer noch diskriminiert werden – bis in die amtlichen Ausweispapiere hinein. Wir könnten uns hier die rechtliche und soziale Behandlung und Stellung unehelicher Mütter und Kinder in Schweden zum Vorbild nehmen. Dort besteht der falsche Zwang nicht mehr, ein Kind durch rasche Heirat formal zu legalisieren. Wenn die Ehe zu einem Mittel wird, um ein Kind formal zu legalisieren, wird die Ehe entwertet. Die primäre Frage nach Gemeinschaftswillen und Gemeinschaftsfähigkeit der zwei Eheleute wird so beiseitegeschoben. Kein Wunder, dass die Scheidungsquote unter diesen Muss-Ehen besonders gross ist. Wobei freilich sogleich gesagt werden muss, dass noch lange nicht jede Ehe, die um eines Kindes willen geschlossen wird, eine Muss-Ehe mit solch fragwürdigen Chancen ist. Oft ist es ja so, dass die beiden Eheleute ohnehin zur Ehe entschlossen waren, ob nun ein Kind gekommen wäre oder nicht.

Dennoch möchte man in manchen Fällen junge Frauen ermuntern, nicht zu heiraten, wenn ein Kind kommt. Wir sollten deshalb ledigen Müttern und ihren Kindern Mut und nicht Schwierigkeiten machen. Es war mir eine grosse Freude, als ich eine ledige Mutter dazu bewegen konnte, ihr Kind nicht verschämt nach dem Gottesdienst, sondern vor der Gemeinde taufen zu lassen. Voraussetzung dazu ist natürlich, dass wir als christliche Gemeinde eine ledige Mutter und ihr Kind ohne Getuschel und bigottes Geschwätz nach der Predigt annehmen und uns freuen über den Mut, den eine solche Frau zeigt – uns aber auch freuen über den Respekt, den sie vor dem beweist, was Ehe wirklich sein soll!

In unserem Text wird die Ehe als ein besonderer Fall der Nächstenliebe verstanden. Ihr sollt, so heisst es hier, «jeder einzelne seine Frau so lieben wie sich selbst», und zwar deshalb, weil die Frau ein Stück unserer selbst geworden ist gemäss dem Schöpfungswort, dass Mann und Frau ein Fleisch werden.

Das Gebot Christi verpflichtet zur Nächstenliebe auch dann, wenn uns der Nächste nicht sympathisch oder sogar unser Feind ist. Die Ehe aber ist der Spezialfall, wo die Liebe gegenseitig ist und wo Zuneigung und Freundschaft zueinander sich auch sexuell realisieren wollen. «So sollen die Männer ihre Frauen lieben als ihren eigenen Leib.» Damit ist der Grundsatz der Einehe postuliert! Der Mann soll nicht mehr, wie es in der Antike und heute wiederum üblich ist, eine Frau haben für Kinder und Haushalt, eine Freundin für die geistige Anregung, eine Gespielin für das erotische Vergnügen.

Das aber heisst, dass die Einehe an beide Ehepartner unerhört grosse Anforderungen stellt! Die eine Frau sollte alle drei Fähigkeiten in sich vereinigen und entwickeln können: Sie sollte zugleich Hausfrau und Mutter, geistige Gefährtin und Geliebte sein können.

Und dasselbe gilt vom Mann: Er sollte zugleich Vater, dazu geistig anregender Freund und zärtlicher Liebhaber sein können.

Nun: Wer verheiratet ist, weiss, wie wenig wir diesem unerhörten Anspruch der Einehe gewachsen sind. Wir bleiben einander immer wieder so vieles schuldig. Unsere Ehen sind selten, was sie sein sollten. Wir haben deshalb gar keinen Grund, hochnäsig und pharisäisch auf jene Mitmenschen herabzusehen, deren Ehen gescheitert sind.

Erst recht haben wir Verheiratete keinen Grund, uns den Unverheirateten gegenüber überlegen zu fühlen. Es gibt leider oft ein hämisches Reden der Verheirateten über Unverheiratete, so als ob Verheiratet-Sein an sich schon eine besondere Leistung wäre. Aber man kann gerade aus Hochschätzung der Ehe lieber unverheiratet bleiben als heiraten, nur um verheiratet zu sein. Darum halte ich es eigentlich für falsch, dass wir eine unverheiratete Frau lebenslang mit der Verkleinerungsform «Fräulein» ansprechen. Schöner wär's, wenn sie, wie es heute in Deutschland üblich wurde, im Lauf ihrer Zwanzigerjahre mit «Frau» angeredet würde. Unverheiratete haben ein Recht darauf, als Frau voll genommen zu werden. Schliesslich sagt man dem unverheirateten Mann auch nicht «Männlein».

Die Ehe, so wie sie hier im Epheserbrief konzipiert wird, als umfassende und definitive Lebensgemeinschaft, stellt an die Eheleute grosse Anforderungen. So grosse, dass man überhaupt nur verheiratet sein kann, wenn man bereit ist, die Unvollkommenheit der eigenen Ehe, also auch die Unvollkommenheit des Partners und vor allem die eigene Unvollkommenheit fröhlich zu bejahen. Ehe ist deshalb vor allem Vergebungs-Gemeinschaft. So ist es kein Zufall, dass unser Ehe-Text so unermüdlich auf Christus hinweist.

Was muss doch Christus gerade seiner unvollkommenen Kirche, gerade uns so unvollkommenen Christen vergeben! Es ist ja ungeheuerlich, wie Kirche und Christen Christus immer wieder verraten, verunehren und an ihm schuldig werden. Er aber, das Haupt der Kirche, heiligt sie, reinigt sie, so steht es hier, und das bedeutet: Er hält an seiner Kirche unentwegt fest, öffnet ihr mit seiner Vergebung trotz allem immer wieder neue Möglichkeiten und Chancen, «damit er sich die Kirche herrlich bereite, ohne Flecken, Runzel oder dergleichen, dass sie vielmehr heilig und makellos sei».

So wie die Kirche allein durch die Vergebung Christi lebensfähig bleibt, so bleibt auch die Ehe allein durch Vergebung lebensfähig. Vielleicht kann es Ehe als Einehe letztlich nur bei Christen geben, die um das Geheimnis der Vergebung wissen. Sehen sie, ich rege mich deshalb nicht auf, wenn immer mehr und auch ernsthafte Stimmen das baldige Ende der Einehe prophezeien. Es kann sehr wohl sein, dass wir uns auf eine Lebensform zu bewegen, wo man neue und gesellschaftlich anerkannte Formen wechselnder Eheverhältnisse entwickelt oder wo man neben einem festen Eheverhältnis anerkannterweise auch andere Verhältnisse haben kann. Man braucht das nicht zum vorneherein moralisierend als Sittenlosigkeit anzuprangern. Es könnten sich hier neue Sitten und Normen herausbilden, von denen höchstens zu sagen ist, dass sie nicht mehr christlich, jedenfalls nicht neutestamentlich sind. Aber vielleicht müssen wir die Möglichkeit eben ins Auge fassen, dass eine Zeit kommt, wo das Leben in der Einehe das entscheidende Zeugnis, das Glaubensbekenntnis der Christen sein wird. Eine Zeit, wo vielleicht die Mehrheit offen und legal in variablen Eheverhältnissen lebt und Einehen dann so etwas wie Minderheit und Diaspora sind. Symptome einer Entwicklung in diese Richtung sind heute schon zahlreich festzustellen.

Die Einehe ist tatsächlich anspruchsvoll, sie verlangt so viel Hingabe, Liebeskraft und Vergebungswillen, dass sie vielleicht wirklich nur denen zumutbar ist, die im Glauben an Gottes Vergebung und Treue leben und verheiratet sein können. Wer nicht von Gott her lebt und von ihm immer neue Kraft und Fröhlichkeit empfängt, für den wird Treue in der Einehe immer nur eine erzwungene, formale Treue sein. Eindrücklich ist mir jener schon ältere, eigentlich sehr moralstrenge Ehemann und Familienvater, der angesichts der um sich greifenden vor- und ausserehelichen Liebesbeziehungen in unserer Gesellschaft ausrief: «Da kommt man sich mit seiner Bravheit ja langsam als der Dumme vor!» So spricht der enttäuschte Moralist. Er sieht plötzlich, dass seine Prinzipien nicht mehr allgemein respektiert werden, und jetzt kommt er sich als der Düpierte vor, der zu kurz gekommen ist. Heimlich beneidet er diejenigen, die nicht so streng leben wie er selber.

Aber Christen sollten keine solche Moralisten sein. «Das Geheimnis ist gross», so heisst es hier. Gemeint ist zunächst: das Geheimnis der Ehe. Sogleich heisst es jedoch weiter: «Ich deute es auf Christus und die Kirche.» Wo Christus ist, da ist Freiheit in der Treue, weil Gottes Treue uns frei macht. Wo sich eine Ehe auf Christus hin orientiert, da kommen sich Ehepartner nicht als die Dummen, sondern als die Begnadeten vor. Da kommen sie auch nicht zu kurz, sondern sie erleben jene Fülle, die aus der Fülle von Gottes Vergebung stammt. Und sie brauchen auch niemanden zu beneiden, weil sie sich von Gott geliebt, getragen und geführt wissen. Wen sollten sie da noch beneiden? In diesem Sinn wird die von Christus her und auf Christus hin gelebte Ein-Ehe zum eindrücklichsten Zeugnis der Treue Gottes, das es gibt. «Dieses Geheimnis ist gross; ich deute es auf Christus und die Kirche.»

AMEN

(Anfang 1970er-Jahre)

Jesuanisches Lebensprofil

*Und daran erkennen wir,
dass wir Ihn erkannt haben,
wenn wir seine Gebote halten.*

*Wer sagt:
Ich habe Ihn erkannt
und hält doch Seine Gebote nicht,
der ist ein Lügner
und in einem solchen ist die Wahrheit nicht.*

*Wer aber Sein Wort hält,
in dem ist wirklich die Liebe Gottes vollendet.
Daran erkennen wir,
dass wir in Ihm sind.*

*Wer sagt,
dass er in ihm bleibe,
der hat die Pflicht,
auch selbst so zu wandeln,
wie Jener wandelte.*

1. Johannes 2,3–6

Oft hört man Leute sagen, «auch *ich* glaube an Gott», und das ist meistens im Sinne einer Rechtfertigung gemeint: Ich gehe zwar nicht in die Kirche, ich kenne zwar die Bibel nicht – und so weiter, aber «auch *ich* glaube an Gott».

Und wenn jemand so redet, dann nehme ich ihm das ab, ich zweifle seine Aussage nicht an, keinen Moment. Wenn nämlich ein Mensch sagt «auch ich glaube an Gott», dann hat er ein Recht darauf, dass ich sein Bekenntnis ernst nehme.

Gerade deswegen muss man aber weiter fragen: «Ja, und inwiefern hat der Glaube an Gott dein Leben verändert?»

Denn wenn der Glaube unser Leben *nicht* verändert, so bleibt es bedeutungslos, ob wir glauben oder nicht.

Gott hat sich aber nicht auf uns Menschen eingelassen, damit wir gemütlich so weitermachen wie immer schon. Jesus Christus hat nicht gelebt, gewirkt und sich hinrichten lassen, um alles beim Alten zu belassen. Im Gegenteil, das Grundthema seiner Verkündigung hat gelautet: «Das Reich Gottes ist nahe herbeigekommen – *ändert* euch, kehrt um!»

Worin besteht die Änderung, die der Glaube in uns, in unserem Leben bewirken will? Johannes sagt es so:

«Und daran erkennen wir,
dass wir Ihn erkannt haben,
wenn wir seine Gebote halten.
Wer sagt:
Ich habe Ihn erkannt
und hält doch Seine Gebote nicht,
der ist ein Lügner
und in einem solchen ist die Wahrheit nicht.»

Sofort stellt sich hier die Frage: Welches sind «Seine Gebote»?

Der Fortgang des Johannesbriefes lässt uns nicht im Ungewissen: In «Seinen Geboten» geht es immer um das eine und einzige Gebot der Liebe.

Und das heisst: Wenn der Glaube an Gott nicht unsere Liebe zu den Menschen entwickelt, immer mehr, immer engagierter, dann ist unser Glauben Lüge, dann ist die Wahrheit nicht in uns.

Kaum habe ich das gesagt, packt mich schon das Unbehagen. Ja ja, die Liebe, damit sind alle sofort einverstanden, und niemand hat etwas dagegen. Doch genau das ist verdächtig. Warum, frage ich mich, sind wir alle so sehr für die Liebe –

warum aber geht's trotzdem in der Welt stets liebloser, stets grausamer zu?

Die häufigste Antwort auf diese Frage lautet wohl: «... weil es dem bösen Nachbarn nicht gefällt.» Wir möchten schon, wir wären gern für Liebe und Frieden, aber eben: «Es kann der Frömmste nicht im Frieden leben, wenn es dem bösen Nachbarn nicht gefällt.»

Und schon sind wir dabei, Sündenböcke zu finden: «Ich möchte schon, doch der Nachbar Meier, die Kollegin Müller will nicht» oder der Khomeini oder irgendeiner.

Ein bekanntes Spiel, das mit dem Sündenbock! Wir möchten schon, aber die anderen wollen nicht. Dahinter steckt oft der Ärger darüber, dass andere nicht so *wollen* wie wir. Alle Probleme wären gelöst, denken wir, wenn doch die anderen nur auch so wären, nur auch so wollten wie wir – dann wäre das Reich der Liebe da!

Aber so geht es gerade nicht, das endet nicht bei der Liebe, sondern in der Selbstgerechtigkeit. Die Selbstgerechtigkeit verlangt Veränderung immer zuerst von den andern, nicht von uns selber. Darum ist der Glaube der Selbstgerechten, so rechtgläubig er daherkommen mag, immerzu Lüge, immerzu unwahr. Er verändert nichts zum Guten, er verändert alles nur zum Schlimmeren. Man kann das in der Geschichte sehen: Der selbstgerechte Glaube hat sich manifestiert in Kreuzzügen, in Eroberungen, in christlichen Völkermorden, z. B. an den Indianern und an anderen Völkern. Dass auf diese Weise schliesslich eine lieblose und bis zur Selbstzerstörung grausame Welt entstanden ist, darf nicht verwundern. So geht es eben wirklich nicht! Liebe gewinnt, wo wir die eigene Selbstgerechtigkeit durchschauen und ablegen! Vorher können uns die Augen für andere Menschen ja gar nicht aufgehen.

«Und *daran* erkennen wir,
dass wir Ihn erkannt haben,
wenn wir Seine Gebote halten.»

Gottes Gebote wollen uns verändern auf Liebe hin. Liebe beginnt mit dem Abbau der eigenen Selbstgerechtigkeit. Positiv formuliert: Sie beginnt damit, dass wir das Recht auch des andern erkennen und anerkennen. Vor allem ruft das Evangelium dazu auf, uns aktiv einzusetzen für Menschen, deren Rechte geschmälert sind. In diesem Sinne hat Jesus sich eingesetzt für die damals rechtlosen Frauen, für diskriminierte Samaritaner, für die wirtschaftlicher Willkür ausgesetzten Tagelöhner Galiläas. Und heute sind es wohl die ausländischen Saisonniers unter uns, die Flüchtlinge, andere Randgruppen der Gesellschaft, denen Rechte der Selbstbestimmung und Mitbestimmung vorenthalten werden.

Liebe hat etwas zu tun mit Recht, nämlich mit dem Recht des andern. Liebe beweist sich dadurch, dass man anderen zu ihrem Recht zu verhelfen versucht. Darum geht es heute z. B. in der Mission, in der kirchlichen Entwicklungshilfe. Und das eben ist die Veränderung, die der Glaube im Leben eines Glaubenden bewirkt, dass wir anfangen, an die Rechte derer zu denken, die weniger Rechte haben als wir selber.

«Wer aber Sein Wort hält,
in dem ist wirklich die Liebe Gottes vollendet.
Daran erkennen wir
dass wir in ihm sind.»

Und dann schreibt Johannes noch einen Satz, der uns erschrecken muss:

«Wer sagt, dass er in Ihm bleibe,
der hat die Pflicht,
auch selber so zu wandeln,
wie Jener wandelte.»

«... wie Jener» – das heisst wie Jesus selber.

Nichts mehr, nichts weniger wird verlangt, als dass wir «selbst so wandeln – so *leben!* –, wie Jener wandelte – wie *Jesus* gelebt hat».

Uns muss das erschrecken. Und zwar deswegen, weil wir gewohnt sind, uns damit zu begnügen, an Gott, an Jesus zu *glauben*. Nun aber wird gesagt: Nein, «an Ihn glauben» genügt nicht. Es genügt nicht zu bekennen: «Auch ich glaube an Gott.» Es genügt ebenso wenig zu sagen: «Jesus ist auch für meine Sünden gestorben.» Das bleibt alles unverbindlich, solange wir nicht die Pflicht erkennen, «auch selbst so zu wandeln, wie Jener wandelte».

Das heisst nicht, dass wir den Lebenswandel Jesu kopieren sollen, was wir gar nicht mehr könnten, weil die Verhältnisse sich geändert haben. Es geht bei diesem «*so* wandeln, wie Jener wandelte» um die Verwirklichung der Liebe, um unser Engagement für andere, um den Einsatz für das Recht von Menschen, deren Rechte geschmälert sind. Dafür hat Jesus sich eingesetzt, das war sein Lebensprofil, sein «Wandel» eben.

Der Glaube «an Ihn» ist der gute Anfang. Endgültig gut wird dieser Anfang erst, wenn er uns verändert und wir versuchen,

«auch selbst so zu wandeln,
wie Jener wandelte».

Gebet
Gott, wir alle leben im Widerspruch:
Obwohl wir wissen, dass wir uns nur in der Liebe zu andern finden und selber verwirklichen können, jagen wir blind dem eigenen Vorteil nach.
Obwohl Du uns anweisest, den Nächsten zu lieben wie uns selbst, sind wir oft nicht einmal fähig, uns selbst in einem guten Sinne gern zu haben.
Obwohl Du sagst, dass Letzte Erste werden, ärgern wir uns über Zurücksetzungen, verweigern zugleich aber solchen, die zurückgesetzt werden, die Solidarität.
Und so weiter.

Wir bitten Dich, Gott:
> Heile unsere Widersprüche, mit denen wir Dir und auch uns selber im Wege stehen.

Besonders bitten wir Dich heute für die unzufriedenen Jugendlichen bei uns und für die Arbeiter in Polen. Gib, dass wir nicht den grossen Protest im fernen Lande unterstützen, den kleinen Protest im eigenen Lande aber verachten. Das wäre nur wieder selbstgerecht.

Darum bitten wir Dich: Erlöse uns von der eigenen Selbstgerechtigkeit! Heile unsere Widersprüche! Mach uns zu Trägern und Zeugen DEINER Liebe!

(24. August 1980)

Das subversive Werk

Kindlein,
niemand soll euch irreführen!
Wer die Gerechtigkeit tut,
der ist gerecht,
gleich wie Jesus gerecht ist.
Wer die Sünde tut,
der ist aus dem Teufel,
denn der Teufel sündigt von Anfang an.
Der Sohn Gottes aber ist dazu erschienen,
um die Werke des Teufels aufzulösen.
Jeder, der aus Gott gezeugt ist,
tut keine Sünde,
weil dessen Lebenskeim in ihm bleibt,
und er kann nicht sündigen,
weil er aus Gott gezeugt ist.
Daran sind die Kinder Gottes und die Kinder des Teufels zu erkennen:
Jeder, der die Gerechtigkeit nicht tut,
ist nicht aus Gott,
und ebenso jeder, der seinen Bruder nicht liebt.
1. Johannes 3,7–10

Heute fällt der Schatten des Karfreitags auf diesen Text, der von der Gerechtigkeit handelt. *Tut* die Gerechtigkeit, «gleich wie Jesus gerecht ist»! Der heutige Tag erinnert daran, dass dieser Gerechte gekreuzigt worden ist. Und dass er immer von neuem wieder gekreuzigt wird, z. B. in jenen Nonnen, Priestern, Landarbeitern, die in El Salvador, aber auch in Guatemala, ermordet werden, weil sie Gerechtigkeit wollen für die entrechtete Mehrheit der Menschen dort. In El Salvador wie anderswo findet unser Text immer wieder seine Karfreitags-Ergänzung:

> «Wer die Gerechtigkeit tut,
> der ist gerecht,
> gleichwie Jesus gerecht ist
> und» ... so muss die Karfreitags-Ergänzung lauten:
> «... der wird ermordet,
> gleichwie Jesus ermordet worden ist.»

Ich frage mich, wie Jesus selber möchte, dass wir den Tag seiner Kreuzigung begehen. Ich glaube, er würde *nicht* wollen, dass wir nur seiner Ermordung gedenken. Ich glaube, er möchte, dass wir all jener mitgedenken, die *heute* um der Gerechtigkeit willen leiden und deswegen sterben müssen.

Wie heissen sie denn, all diese Kämpfer, Märtyrer der Gerechtigkeit?

Wir kennen ihre Namen nicht, wohl auch deshalb nicht, weil wir nicht nach ihnen fragen, uns wenig für sie interessieren.

Das eben ist die Haltung von Privilegierten, von Nutzniessern; das ist die Schuld des Pilatus, der von nichts wissen möchte und seine Hände in einer Unschuld wäscht, die es nicht geben kann.

Das Tun der Gerechtigkeit aber beginnt damit, dass man sich zu interessieren anfängt für diejenigen, denen Unrecht geschieht, dass wir also wach werden für das Unrecht, das Jesus angetan wird in heutigen Menschen.

> «Daran sind die Kinder Gottes
> und die Kinder des Teufels zu erkennen:
> Jeder, der die Gerechtigkeit *nicht* tut,
> ist *nicht* aus Gott,
> und ebenso jeder, der seinen Bruder nicht liebt.»

Johannes geht nicht so weit, Gerechtigkeit und Liebe in eins zu setzen, obwohl er natürlich weiss, dass nur Liebe dem Mitmenschen zutiefst gerecht werden kann. Dennoch wäre es falsch, Gerechtigkeit und Liebe voreilig in eins zu setzen. Es ist, als hätte Johannes vorausgespürt, dass eines Tages z. B. europäische Christen Forderungen nach Gerechtigkeit sofort abwiegeln mit der scheinheiligen Antwort: Aber seid doch lieb! Die Liebe über alles! Ihr dürft mit eurer Gerechtigkeit doch nicht so heftig, so aufrührerisch daherkommen!

So haben wir Europäer jahrhundertelang geredet, zu unseren eigenen Benachteiligten ebenso wie zu denen in den Kolonien. Und auch das gehört zum Karfreitag Jesu! Auch ihm wurde gesagt, sei doch lieb mit uns! Als er aber zornig und unerbittlich blieb, hat man ihn umgebracht.

Man muss sich in Acht nehmen vor denen, die allzu leicht ihr «Seid doch lieb miteinander!» daherreden. Es geht ja nicht um Umgangsformen! Es geht um die Gerechtigkeit.

Johannes tat also gut daran, zuerst einmal vom Tun der Gerechtigkeit und erst danach von der brüderlichen, schwesterlichen Liebe zu schreiben.

Allerdings: Das Tun der Gerechtigkeit und die Liebe, das Leiden um der Gerechtigkeit willen und die Liebe gehören zusammen, wie andererseits für Johannes Ungerechtigkeit und Lieblosigkeit, Sünde und Teufel zusammengehören.

«Der Sohn Gottes aber ist dazu erschienen,
um die Werke des Teufels aufzulösen.»

Plötzlich bricht hier Osterlicht durch, von dem mir vor Jahrzehnten ein seltsam frommer Landschuhmacher gesagt hat, er verstehe von der Bibel eigentlich nur diesen einen, diesen einzigen Satz, der aber sei genug, in diesem Satz sei das ganze Evangelium:

«Der Sohn Gottes aber ist dazu erschienen,
um die Werke des Teufels aufzulösen.»

Was immer man vom Teufel denken mag, gemeint ist mit ihm, was gegen Gott ist, was das Gegenteil von Gerechtigkeit, von Liebe will. In diesem Sinne sagt ja noch mancher, der nicht an einen personalen Teufel glauben kann: «Das ist vom Teufel!»

Es wird hier nicht versprochen, der Sohn Gottes werde die Werke des Teufels mit einem Schlag wegzaubern und sie verschwinden lassen. Er ist dazu erschienen, um diese Werke *aufzulösen*: eine lange Arbeit, eine allmähliche Subversion sozusagen. Die Kreuzigung am Karfreitag ist ein wichtiger Schritt im Prozess dieser Auflösung. Jesus hat um den Preis seines Lebens dem teuflischen Gesetz widerstanden, das da lautet: «Wie du mir, so ich dir.» Ein Gesetz, das wirklich vom Teufel ist, wie sich heute zeigt, wo dieses Gesetz uns an den Rand der menschheitlichen Selbstvernichtung heranführt. Darum ist die Aufrüstung im Weltraum, der auch die Weltraumfähre *Columbia* letztlich dient, im Grunde vom Teufel, weil es hierbei ebenfalls nach dem Prinzip «Wie du mir, so ich dir» geht.

Nicht «Wie du mir, so ich dir», sondern Vergebung! Nicht noch mehr Gewalt als Antwort auf Gewalt, sondern Gewaltabbau, Gewaltverzicht aus Liebe zum Feind, in der Fürbitte für ihn, wie der Gekreuzigte für seine Feinde und Henker betet: «Vater, vergib ihnen, denn sie wissen nicht, was sie tun.»

Das war der Anfang der Auflösung der Werke des Teufels. Und das geht weiter mit Ostern, mit Pfingsten, mit der nicht mehr abreissenden Reihe all jener Menschen, die, von Jesus ergriffen und inspiriert, ihrerseits mitwirken am Werk der Auflösung der Werke des Teufels. Und das beginnt bei jedem von uns selber. Darum schreibt Johannes kühn, entschieden:

> «Jeder, der aus Gott gezeugt ist,
> tut keine Sünde,
> weil dessen Lebenskeim in ihm bleibt,
> und er kann nicht sündigen,
> weil er aus Gott gezeugt ist.»

Das tönt übertrieben, weil wir doch alle Sünder sind. Aber ich habe das letzte Mal zu zeigen versucht, dass Johannes mit «Sünde» nicht einfach unsere menschlichen Schwächen, Nachlässigkeiten, Fehler meint, die oft ja noch das liebenswerteste an uns sind. Für Johannes ist «Sünde» die Mitwirkung am lebensfeindlichen, schöpfungsfeindlichen Werk des Teufels, ist also Gewalt und Mitwirkung an Gewalt, ist Ungerechtigkeit gegen andere, ist die Zerstörung von Liebe, von Freude, von offener Menschlichkeit.

Wer von Jesus inspiriert und dadurch aus Gott gezeugt ist, *kann* nicht mehr sündigen, weil er so, in diesem zerstörerischen Sinn, auch gar nicht sündigen *will*.

Und insofern nimmt er, mit all seinen Schwächen, Fehlern, Unzulänglichkeiten herzhaft und fröhlich teil am subversiven Werk, das mit Karfreitag, mit Ostern und mit Pfingsten begonnen hat und unter der kräftigen, ja elektrisierenden Devise steht:

«Der Sohn Gottes aber ist dazu erschienen,
um die Werke des Teufels aufzulösen.»

(Karfreitag, 17. April 1981)

Ausserhalb der Liebe kein Heil

Geliebte,
lasst uns einander lieben,
denn die Liebe ist aus Gott,
und jeder, der liebt,
ist aus Gott gezeugt
und kennt Gott.
Wer nicht liebt,
hat Gott nicht erkannt,
denn GOTT IST LIEBE.

1. Johannes 4,7–8

Gott ist nicht Mann, Gott ist nicht Frau, Gott ist Liebe.

Gott ist nicht Europäer, Gott ist nicht Amerikaner, er ist nicht Afrikaner und auch nicht Asiate, Gott ist Liebe.

Gott ist nicht Christ, nicht Jude, nicht Moslem, Gott ist auch nicht Hindu oder Buddhist, Gott ist Liebe.

Gott ist nicht die Natur, Gott ist nicht die Geschichte, Gott ist Liebe.

Was aber heisst: Liebe?

Eine alte ostjüdische Legende erzählt:

«Ein Bauer sass mit einem anderen Bauern in einer Schenke und trank. Lange schwieg er, wie die andern alle. Als aber sein Herz vom Wein bewegt war, sprach er seinen Nachbarn an: ‹Sag, liebst du mich oder liebst du nicht?› Jener antwortete: ‹Ich liebe dich sehr.› Aber er sprach wieder: ‹Du sagst, ich liebe dich, und weisst doch nicht, was mir fehlt. Liebtest du mich in Wahrheit, du würdest es wissen.› Der andere vermochte kein Wort zu erwidern, und auch der Bauer, der gefragt hatte, schwieg wieder wie zuvor. Das ist die Liebe zu den Menschen, ihr Bedürfnis zu spüren und ihr Leid zu tragen.»

So die ostjüdische Legende.

Und so ist auch Gott Liebe: Er spürt unser tiefstes Bedürfen, er nimmt unser Leid auf sich.

«Geliebte,
lasst uns einander lieben,
denn die Liebe ist aus Gott,
und jeder, der liebt,
ist aus Gott gezeugt
und kennt Gott.»

Nur wer liebt, kennt Gott! Deswegen sagte ich eingangs: Gott ist nicht Christ, nicht Jude, nicht Moslem, auch nicht Hindu oder Buddhist oder etwas anderes. Das alles sind unentbehrliche Religionen, die elementare Erfahrungen, Wünsche, Hoffnungen ausdrücken. Darum verschwinden diese Religionen auch nicht und kommen immer wieder. Doch wer meint, irgendeine dieser Religionen sei DAS Patentrezept, um die Kenntnis von Gott, um die Gemeinschaft mit ihm sicherzustellen, der muss sich im Sinne eines anderen Apostels, nämlich des Paulus, mahnen lassen: Und kennte ich alle Religionen der Welt, ihre Glaubenssätze, ihre tiefe Weisheit, ihre Gebote und Verheissungen, hätte aber der Liebe nicht, so nützte es mir nichts (nach 1Kor 13,1–3).

Oder wie eben Johannes hier schreibt, kurz und bündig:

«Wer nicht liebt,
hat Gott nicht erkannt,
denn GOTT IST LIEBE.»

Ausserhalb der Liebe kein Gott und kein Heil! Das relativiert unsere Religiositäten, unsere Kirchlichkeiten. Wenn diese uns nicht liebeswilliger, nicht liebesfähiger machen, führen sie an

Gott vorbei in oft heillose Rechthaberei und Intoleranz, wie etwa bei den iranischen Ajatollahs, die für den Islam im gesamten aber ebenso wenig charakteristisch sind wie südafrikanische Apartheid-Christen für das Christentum oder Menachem Begin für die jüdische Religion.

Der Satz «Gott ist Liebe» zielt auf unsere geheimsten Gefühle, Gedanken, Motivationen, zielt auf alltäglichste, auf unauffälligste Handlungen und Beziehungen. Unmöglich, sich vor DIESEM Gott zu verstecken hinter religiösen Institutionen, hinter religiösen Dogmen und Gebräuchen! *Wir selbst* sind gefordert. Wir selbst werden schuldig. Davor schützt keine Kirchenzugehörigkeit, keine noch so richtige Rechtgläubigkeit.

«Wer nicht liebt,
hat Gott nicht erkannt,
denn GOTT IST LIEBE.»

Es ist gut, dass wir diesem Text jetzt, ausgerechnet am eidgenössischen Dank-, Buss- und Bettag nachdenken. An diesem Tag werden traditionellerweise Probleme des ganzen Volkes zur Sprache gebracht. Mit Problemen gemeinsamer Politik, Wirtschaft, Kultur hat unser Text sehr wohl zu tun! Es ist der grosse Sündenfall eines verbürgerlichten und sentimentalisierten Christentums, dass es die Liebe privatisiert hat. Man hat sich angewöhnt, das Liebesgebot allenfalls auf persönliche, private Beziehungen anzuwenden. Aus dem Leben der Wirtschaft, der Politik aber bleibt es ausgeklammert: Da – so heisst es – gelten ganz andere Gesetze.

Der Satz «GOTT ist Liebe» spricht jedoch vom *universalen* Gott. Sein Liebeswille zielt auf die Welt, auf die Gesellschaft insgesamt. Und Gott, sagt die Bibel, sei ein KOMMENDER Gott, kein Gott der bestehenden Verhältnisse. Gott als Liebe ist kein Repräsentant, kein Garant des Bestehenden, im Gegenteil, er ist Widerspruch gegen und Angriff auf unsere längst gewohnte, längst akzeptierte Lieblosigkeit. Als Liebe kommt Gott in eine Welt, die sich gegen ihn verschliesst, gegen ihn auflehnt.

Das politische und wirtschaftliche Wort für Liebe heisst «Gerechtigkeit». Gott kommt als Gerechtigkeit, um – wie Maria im Magnifikat (Lk 1,52.53) singt – die Hungernden satt zu machen und die Reichen mit leeren Händen, d. h. ohne ihren bisherigen Profit, hinwegzuschicken. Gott als Liebe, als Gerechtigkeit, nimmt Partei – das schleckt keine Geiss aus der Bibel weg! Er nimmt Partei für die Kleinen, die Betrogenen, die Hungernden. Er nimmt Partei gegen die Gewaltigen, die Profiteure, die immer noch mächtiger, immer noch reicher werden wollen zu Lasten aller andern.

Der Satz «Gott ist Liebe» kündet also Umwertungen, Umwälzungen an. Er fragt uns, auf welcher Seite wir zu stehen gedenken – auf der Seite der Liebe, der Gerechtigkeit für alle, oder auf der Seite der Macht und des Reichtums für wenige? Weil Gott universal ist und nicht im privaten Lebenskreis eingegrenzt bleiben will, wird der Satz «Gott ist Liebe» ein hochpolitischer Satz, eine Herausforderung für uns alle, die wir Christen sein wollen, hier in der ersten Welt, hier in der Schweiz.

Mit diesem Satz ist's wie mit einem Stein, der in einen stillen Teich geworfen wird: Es werden Kreiswellen erzeugt, zuerst ganz eng, im persönlich-privaten Bereich, dann weitern sich die Kreise, der ganze Teich gerät in Bewegung.

«Jeder der liebt,
ist aus Gott gezeugt
und kennt Gott ...
denn GOTT IST LIEBE.»

(20. September 1981,
Eidgenössischer Dank-, Buss- und Bettag)

Auferstehungsökologie

*Und dies ist das Zeugnis,
dass Gott uns das ewige Leben gegeben hat,
und dieses Leben ist in Seinem Sohne.
Wer den Sohn hat,
der hat das Leben.
Wer den Sohn Gottes nicht hat,
hat das Leben nicht.
Dieses habe ich euch geschrieben,
damit ihr wisst,
dass ihr das ewige Leben habt,
ihr,
die ihr an den Namen des Sohnes Gottes glaubt.*

1. Johannes 5,11–13

Leben ist ein zeitliches Geschehen, das für uns Menschen mit Zeugung und Empfängnis beginnt und mit dem Tode endet. Neben uns, mit uns leben auch Tiere aller Art, Pflanzen aller Art.

Mit ihnen leben wir in Beziehung und Zusammenhang, darum spricht man von einem Haus, griechisch Oikos, und davon abgeleitet ist das Wort Ökologie, welches besagt, dass alles Lebendige mit allem Lebendigen zusammenhängt, eben wie eine Hausgemeinschaft.

Der Zusammenhang von allem Lebendigen mit allem Lebendigen hat aber noch eine weitere Dimension, weil Gott sich selber, sein ewiges Leben, in diesen Lebenszusammenhang hineingegeben hat.

«Und dies ist das Zeugnis,
dass Gott uns das ewige Leben gegeben hat,
und dieses Leben ist in Seinem Sohne.»

Gott allein hat ewiges Leben.

Wir nicht, sofern ewig bedeuten soll: ohne Anfang, ohne Ende. Wir haben einen Anfang, darum haben wir auch ein Ende.

Meint «ewig» aber wirklich DAS: ein anfang- und endloses Leben? Das wäre denn doch eine allzu quantitative Definition. «Ewiges Leben» scheint mir etwas anderes zu sein als bloss unermessliche Quantitäten von Zeit. «Ewiges Leben» bezeichnet Qualität, meint die Qualität von Gott selbst. Diese Qualität Gottes ist in unserem Brief kurz und genau formuliert worden: «Gott ist Liebe.» (4,8.16)

Hier heisst es nun: Gott hat uns sein eigenes ewiges Leben gegeben in Seinem Sohne. Die relativ kurze Zeit, die Jesus gehabt hat, genügte, um dieses ewige Leben Gottes, d. h. seine Liebe, zu leben und weiterzugeben, so dass jetzt also gesagt werden kann:

«Wer den Sohn hat,
der hat das Leben.
Wer den Sohn nicht hat,
hat das Leben nicht.»

Ich weiss, das tönt nach Aneignung und Besitz: «... den Sohn HABEN.» Wir können Christus natürlich nicht besitzen, nicht «haben» wie ein Möbelstück oder ein Wertpapier. Dennoch hat die Wahl des Wörtleins HABEN hier einen guten Sinn, weil es die Gegenwärtigkeit des ewigen Lebens unterstreicht:

JETZT beginnt das ewige Leben für uns – oder es beginnt nie mehr, auch nicht nach dem Tode.

JETZT können wir Liebe als Lebensqualität leben – nach dem Tode ist es zu spät.

JETZT will uns Christus «Anführer des Lebens» (Apg 3,15) sein, sonst verpassen wir das Leben sowohl vor wie vielleicht auch nach dem Tode.

Dieses JETZT drückt Johannes mit den Worten aus:

«Wer den Sohn hat,
der hat das Leben.
Wer den Sohn nicht hat,
hat das Leben nicht.»

Dieses JETZT verkündet auch die Botschaft von der Auferweckung Jesu am dritten Tag nach seiner Kreuzigung. Das war keine Auferweckung in ferne jenseitige Ewigkeiten. Es war Auferweckung ins JETZT und HEUTE seiner Anhänger, es ist Auferweckung immer wieder in unsere jeweilige Gegenwart, so dass wir zusammen mit ihm auferstehen können:

«Manchmal stehen wir auf
Stehen wir zur Auferstehung auf
Mitten am Tage
Mit unserem lebendigen Haar
Mit unserer atmenden Haut.
Nur das Gewohnte ist um uns.
Keine Fata Morgana von Palmen
Mit weidenden Löwen
Und sanften Wölfen.
Die Weckuhren hören nicht auf zu ticken
Ihre Leuchtzeiger löschen nicht aus.
Und dennoch leicht
Und dennoch unverwundbar
Geordnet in geheimnisvolle Ordnung
Vorweggenommen in ein Haus aus Licht.»

So vielleicht, poetisch formuliert von Marie Luise Kaschnitz.

Das Geheimnis dieser und jeder Auferstehung heisst auf jeden Fall Liebe, heisst Zuwendung zueinander. Darin lebt Gott sein ewiges Leben mit und mitten unter uns. Und weil sein ewiges Leben, die Liebe, Zeit und Mensch geworden ist in Christus, kann das Wort «Liebe» nicht mehr beliebig missverstanden, nicht mehr beliebig verharmlost werden: Liebe ist Militanz, Liebe heisst Leiden und Leidenschaft für die Gerechtigkeit, heisst Parteilichkeit für die Elenden und Rechtlosen. Liebe ist darum immer auch Kampf und Leiden als Nachfolge des kämpfenden und leidenden Christus.

Liebe als ewiges Leben ist heute z. B. der Aufstand und Aufmarsch für den Frieden und gegen den Overkill.

Liebe als ewiges Leben ist z. B. auch die Auferstehung der biblischen Parole «Schwerter zu Pflugscharen» in der DDR. Aber «Schwerter zu Pflugscharen» heisst auch eine Gruppe in den USA, zu der die bekannten Katholiken und Priester, die Brüder Berrigan, gehören, die in eine Rüstungsfabrik eingedrungen sind und zwei Atomsprengköpfe mit Hämmern zerstört haben. Natürlich geht so etwas nicht. Natürlich folgten in der DDR und in den USA Verbote und Strafen auf dem Fuss. Aber auch die Auferstehung Jesu wäre eigentlich nicht erlaubt gewesen. Darum ist das Grab versiegelt und sind Schildwachen davor postiert worden.

Doch Gottes ewiges Leben lässt sich durch behördliche Vorkehrungen oder Sanktionen nicht ersticken und begraben. Immer wieder drängt es hinein in unser zeitliches Leben, um es aus allerlei Erstarrungen aufzubrechen, um es zu öffnen. Ewiges und zeitliches Leben durchdringen einander, seit Jesus in die Welt gekommen und in diese Welt auch auferstanden ist. So wie alles Lebendige mit allem Lebendigen zusammenhängt, hängen nun auch ewiges und zeitliches, göttliches und menschliches Leben zusammen – das ist die Auferstehungsökologie!

«Wer den Sohn hat», der hat im zeitlichen zugleich das ewige Leben. Darum Johannes:

«Dieses habe ich euch geschrieben,
damit ihr wisst,
dass ihr das ewige Leben habt,
ihr,
die ihr an den Namen des Sohnes Gottes glaubt.»

Nehmen wir das doch ernst, jetzt an diesem Ostertag: Wir HABEN das ewige Leben, Gott GIBT es uns! Wir können uns deshalb mit ganzer Liebe und Kraft dem zeitlichen Leben zuwenden, miteinander, für einander, als Gemeinde des Auferstandenen, als lebendige Gemeinschaft gegen die Herrschaft des Todes und des Tötens.

Daraufhin können wir fröhlich zur Auferstehung aufstehen:

«Mitten am Tage
Mit unserem lebendigen Haar
Mit unserer atmenden Haut.»

(Ostern, 11. April 1982)

Der Gott, der in allen mächtig werden will

Und einen Tempel sah ich nicht in ihr (= in der endzeitlichen Stadt, dem neuen Jerusalem); denn der Herr, der allmächtige Gott, ist ihr Tempel, und das Lamm.
Johannesoffenbarung 21,22

Gottes Ziel mit der Welt, mit uns Menschen ist es, «alles in allem» (1Kor 15,28) zu werden. Dieses «Gott alles in allem» wird in den zwei letzten Kapiteln der Offenbarung bildhaft dargestellt in der Vision des neuen Jerusalem, d. h. der neuen Schöpfung, «in der Schöpfer und Geschöpf nicht zwei, sondern eins sind» (Karl Barth). Tempel, Kirchen braucht es nicht mehr, «denn der Herr, der *allmächtige* Gott, ist der Tempel».

Das Eigenschaftswort «allmächtig» wird im biblischen Schrifttum relativ selten auf Gott angewendet, am häufigsten in der Offenbarung des Johannes, wohl in der Absicht, irdisch-politischen Machtansprüchen die radikal andersgeartete Macht Gottes gegenüberzustellen.

«Allmächtig» wird Gott genannt, weil es sein Ziel ist, in unserer Welt zu werden, was er noch nicht ist, nämlich «alles in allem» – oder mit den Worten des lateinamerikanischen Dichtermönchs Ernesto Cardenal: «Gott als Stadt: die Stadt der endgültigen Begegnung eines jeden Menschen mit allen Menschen, die Stadt der Identität und der vollendeten Gemeinschaft …, eine Stadt ohne Klassen, die Freie Stadt, wo Gott alle ist – Er, Gott, mit allen (Immanuel) – die Stadt, in der wir die Menschlichkeit Gottes erfahren.»

Auf diese Stadt oder Gesellschaft hin setzt Gott alle seine Macht in Bewegung, und insofern wird er «allmächtig» genannt.

Die Macht Gottes ist jedoch nichts anderes als seine Gerechtigkeit, seine Liebe. Macht an und für sich will Gott nicht, dementsprechend hat sich auch Jesus verhalten.

Die Wörter «Allmacht», «allmächtig», «der Allmächtige» sind im Lauf der Jahrhunderte zu Projektionen menschlicher, auch kirchlicher Machtansprüche verkommen. Unter dem «Allmächtigen» stellt man sich deshalb oft eine Vervielfachung menschlicher Herrschaftsausübung vor. Resultat ist dann ein göttlicher Superdiktator, dem auf menschlicher Seite unterwürfiger Fatalismus entspricht – wie vielleicht im Islam, der Allah vorrangig als Macht denkt, so dass Elias Canetti, ein Analytiker der Macht, sagen kann: «Es ist eine ungeheure Nacktheit der Herrschaft im Islam.»

Derartige «Nacktheit der Herrschaft» ist dem biblischen Denken fremd. Hier ist Gott nicht einfach derjenige, der alles kann, alles will, alles tut – egal, ob es gut oder böse, heilsam oder zerstörerisch ist. Deshalb wird keineswegs alles, was in der Welt geschieht – z. B. Kriege, Unterjochungen, Hunger –, der Urheberschaft Gottes zugeschrieben.

Gottes Macht ist nicht formal – als Macht an und für sich –, sie ist inhaltlich zu bestimmen, als Gerechtigkeit, als Liebe. Sie bewirkt nicht – wie alle Herrschaftsformen der Geschichte bisher – Unterdrückung, sondern Befreiung. Wenn Gott «alles in allem», wenn er «Stadt» geworden sein wird, gibt es keinen Beherrscher und keine Beherrschten mehr. Nicht einmal Stadtpräsident, geschweige denn Stadtdiktator wird Gott alsdann noch sein, vielmehr wird seine Allmacht die Macht seiner Gerechtigkeit und Liebe *in allen* sein. In unserem Text wird die Aufhebung der fatalen Zweiheit Herrscher–Beherrschte, Mächtige–Machtlose dadurch unterstrichen, dass neben dem «allmächtigen Gott» ausdrücklich «das Lamm» genannt wird, das «erwürgte Lamm», der Gekreuzigte als Inbegriff der Machtlosen und Geopferten.

Wer die biblische Zielvision des «neuen Jerusalem» durchdenkt, wird verstehen lernen, dass die Macht Gottes etwas radikal anderes ist und anstrebt als jede bisherige Machtpraxis der Menschengeschichte. Der allmächtige Gott des Lammes geht auf Abschaffung jeder Macht aus, die nicht Gerechtigkeit, nicht Liebe ist. Solange dieses Ziel nicht erreicht ist, ist der all-mächtige der all-leidende, mit allen Unterdrückten, Geopferten, Entrechteten leidende Gott, der nicht mit den Wölfen, sondern mit den Lämmern solidarisch ist.

(Datierung unbekannt)

Wie entsteht eine Predigt? Wie entsteht ein Gedicht?

Ein Vergleich mit dem Versuch einer Nutzanwendung

1.

Weder Predigt noch Gedicht entstehen von selbst. Sie werden gemacht. Sie machen ist Arbeit.

Die Arbeit an der Predigt und die Arbeit am Gedicht sind vergleichbar. In beiden Fällen wird mit den Mitteln der Sprache gearbeitet. Doch wird die Arbeit unter verschiedenen Voraussetzungen und mit verschiedener Zielsetzung getan.

Der Prediger predigt im Auftrag seiner Kirche. Der Lyriker ist von keiner Institution beauftragt, Gedichte zu machen. Der Prediger, der predigt, ohne von einer Kirche, Gemeinschaft oder Gruppe beauftragt zu sein, sowie der Lyriker, der im Auftrag einer Institution oder Gruppe Gedichte macht, sind Grenzfälle, die wir für unsere Überlegungen ausklammern.

Auftrag des Predigers ist es, Gottes Wort nach dem Zeugnis der Bibel zu verkünden. Deshalb geht die Predigt aus vom formulierten Text der Bibel. Der Lyriker jedoch geht aus von seinen unformulierten Erlebnissen, Gefühlen, Einfällen, Phantasien, Beobachtungen usw. Für ihn ist der formulierte Text *Ziel* seiner Arbeit. Für den Prediger ist ein schon formulierter Text, derjenige der Bibel, *Ausgangspunkt* seiner Arbeit.

Dem Prediger ist mit dem Auftrag auch das generelle Thema seiner Predigten gegeben. Er soll «die grossen Taten Gottes» verkünden (Apg 2,11). Dem Lyriker ist kein Thema gegeben, er muss sein Thema selber finden oder sich von ihm finden lassen.

Der Prediger, der an seiner Predigt zu arbeiten beginnt, weiss, dass er seine Predigt halten muss, ob diese nun ganz oder nur halb oder gar nicht gelungen sein wird. Der Lyriker, der an seinem Gedicht zu arbeiten beginnt, weiss nicht, ob aus dem, was er begonnen hat, je ein Gedicht werden wird.

Der Lyriker setzt sein Gedicht, sobald er es publik macht, dem freien, oft unbarmherzigen, oft gerechten, oft auch bestechlichen Wettbewerb des literarischen Marktes und der Kritik aus. Das zwingt ihn von Anfang an zu strenger Selbstkritik. Der Prediger hält seine Predigt in einer Öffentlichkeit, die primär nicht kritisch reagiert. Auch besteht vorerst keine Markt-, d. h. keine Wettbewerbssituation. Diese tritt erst ein, wo an einer Kirche mehrere Prediger wirken oder wo in einer Ortschaft mehrere Kirchen sind, so dass für die Hörer Auswahl möglich wird und positive oder negative Kritik sozusagen mit den Füssen stattfinden kann. Öffentliche Kritik der öffentlichen Predigt in den Spalten einer Zeitung ist bisher eine Ausnahme geblieben (etwa im *Spandauer Volksblatt*, Berlin, und in der *Zürcher Woche*, Zürich). Der Idealfall tritt ein, wenn es nach und nach zu einem kritischen Dialog zwischen der Gemeinde und ihrem Pfarrer kommt.

Wie immer jedoch: Der Prediger hat von seiner ersten Predigt an eine Hörerschaft, der Lyriker muss seine Leserschaft erst noch sammeln. Die Gemeinde wählt einen Pfarrer, weil er bereits Pfarrer ist, qualifiziert durch seine Studien und durch die erfolgte Ordination. Der Pfarrer seinerseits findet – in unseren Verhältnissen – eine Gemeinde und damit eine Hörerschaft für seine Predigten schon vor. Wogegen auf den Lyriker keine Leserschaft wartet – oder höchstens nach seinem zweiten, dritten oder vierten Gedichtband, falls sich eine sogenannte Lesergemeinde gebildet hat. Wenn man jedoch weiss, dass auch renommierte Lyriker im deutschen Sprachgebiet oft nicht über eine Auflage von einigen hundert Exemplaren hinauskommen, weshalb Lyrikbände der Schrecken mancher Verleger sind, ist die Existenz einer wartenden Leserschaft nicht sehr hoch einzuschätzen. Tatsache bleibt jedenfalls: Auf den Lyriker wartet zunächst keine Leserschaft, und auch später ist der Kreis der Wartenden klein. Der Lyriker arbeitet allein, ohne gewählt und beauftragt zu sein. Er schreibt, von Lust oder Unlust, von Ehrgeiz oder Verzweiflung oder was immer getrieben, zunächst und auch später unadressiert ins Anonyme.

So hat jeder seine eigene Unsicherheit: der Lyriker die Unsicherheit, ob seine Arbeit überhaupt Gehör findet und Sinn hat – der Prediger die Unsicherheit, ob seine Arbeit dem übernommenen Auftrag und dem Anspruch der Gemeinde genügt.

2.

Prediger und Lyriker arbeiten mit den Mitteln der Sprache.

Untersucht man jedoch ihre Arbeitsweisen genauer, so werden Unterschiede sichtbar. Sie zeigen sich, sobald man anstatt des Terminus «Sprache» die Vokabel «Wort» setzt.

Der Lyriker sucht *sein eigenes* Wort, das seine Subjektivität in Wörtern, Sätzen, Bildern, Rhythmen formuliert. Der Prediger dagegen sucht in den gegebenen Wörtern, Sätzen, Bildern, Rhythmen der biblischen Texte das Wort *Gottes* zu vernehmen. Prediger wie Lyriker verhalten sich zunächst, wenn auch auf verschiedene Weise, rezeptiv, aufnehmend. Beider Arbeit ist Produktion auf Grund vorangegangener Rezeption.

Um einfacher formulieren zu können, setzen wir für das rezeptive, vernehmende oder aufnehmende Verhalten das Verb «hören».

Die nächste Frage lautet dann: hören worauf?

Der Prediger will auf Gott, auf *Ihn* hören. Der Lyriker hört nicht auf Ihn, Gott, er will auf *Es* hören. Was unter diesem Es zu verstehen ist, wird später zu entfalten sein. Sowohl beim Prediger wie beim Lyriker vollzieht sich das Hören nicht unvermittelt, es bedarf eines Mediums. Für den Prediger ist Medium seines Hörens auf Gott der Bibeltext. Für den Lyriker ist Medium seines Hörens auf das Es sein eigenes Selbst.

Befassen wir uns zunächst mit dem Prediger.

Der Prediger ist Prediger, weil er, wie alle Christen, glaubt, dass Jesus Christus Gottes Wort für uns Menschen ist. Das historische Zeugnis von Jesus Christus ist die Bibel Alten und Neuen Testaments. Das Alte Testament gehört zum biblischen Christuszeugnis, weil es die «Schrift» des Juden Jesus von Nazareth ist.

Zunächst versucht der Prediger, den von ihm frei gewählten oder ihm vorgeschriebenen Bibeltext samt Kontext historisch zu verstehen. Mit Hilfe von Wörterbüchern, Lexika, Kommentaren und anderer Fachliteratur analysiert er den Text historisch, semantisch, theologiegeschichtlich. Diese Arbeit ist unerlässlich, weil das Wort Gottes nie zeitlos-abstrakt, sondern immer geschichtlich-konkret ergeht. So hat es sich in Person und Botschaft Jesu Christi in einem behaftbaren, geschichtlichen Hier und Jetzt, So-und-nicht-anders exponiert. Deshalb ist Gott für den christlichen Glauben kein unartikuliertes Sein, sondern in Jesus Christus artikulierte Existenz. Das bedeutet: Nicht einzelne Bibeltexte, sondern Jesus Christus selbst ist Gottes artikuliertes Wort, das die Bibeltexte bezeugen. Somit hat der Prediger, der einen Bibeltext historisch und semantisch verstanden hat, das Wort Gottes noch nicht gehört. Bestenfalls hat er gehört, was als Gottes Wort an alttestamentliche Israeliten oder an neutestamentliche Juden und Nichtjuden in ihrem damaligen Hier und Jetzt erging. Geht der Prediger zunächst mit seinem Bibeltext als einem Stück kodifizierter Historie um, so tut er es als Erwartender, als Ungeduldiger und Gespannter, der sich unablässig fragt: Und jetzt? Und ich? Und wir? Der Prediger hat sich ja nur deshalb entschlossen, Prediger zu sein, weil er dem von der Bibel bezeugten Wort Gottes zutraut, dass es neue Geschichte, neue Zukunft stiften wird. Doch was für Geschichte? Was für Zukunft? Das ist die Frage, auf die der Prediger durch das Medium seines Bibeltextes Gottes Antwort für ihn, für uns, für heute zu hören versucht. Sicher ist vorerst nur eines, nämlich dass Gott sein Wort in Jesus Christus verbindlich artikuliert hat und sich bei dieser geschichtlich-verbindlichen Artikulation behaften lässt. Gott bleibt, mit anderen Worten, sich und uns treu, sein Ja bleibt Ja, sein Nein Nein. Das Ostergeschehen bezeugt vollends, dass Gott an seinem einmal artikulierten Wort, an Person und Botschaft Jesu Christi, festhält und dass er dieses Wort weder in die Vergangenheit versinken noch von irgendeiner Zukunft überholen lassen will: «Jesus Christus ist gestern und heute derselbe und in Ewigkeit.» (Hebräer 13,8) Deshalb kann die Predigt vom gegebenen Bibeltext nicht abstrahieren, ebenso wenig aber kann sie sich darauf beschränken, diesen Bibeltext historisch-semantisch zu erklären. Vielmehr wird der Bibeltext dem Prediger Medium seines eigenen Fragens nach Gottes heutiger Weisung und so dann auch Medium seines eigenen Hörens auf Gottes Wort. Weil der Prediger an Gottes Verlässlichkeit und also daran glaubt, dass Gott seinem in Jesus Christus artikulierten Wort treu bleibt, es nicht plötzlich dementieren oder desavouieren wird, ist ihm das biblische Zeugnis vom Wort Gottes das tauglichste und aussichtsreichste Medium, durch das ihm Gottes Wort in der Gegenwart vernehmbar wird. Darum meditiert er, in der zweiten Phase seiner Vorbereitung, den Bibeltext, der sein Predigttext ist.

Unter der Meditation verstehe ich folgende Vorgänge: den Text betend überdenken, ihn erwägen, sich in ihn eindenken, ihn mit sich tragen in den Begegnungen, Erlebnissen, Problemen jeden Tages. Der Text bedrängt in dieser Phase den Prediger, dessen Gewohnheiten und Vorurteile. Und umgekehrt bedrängt der Prediger den Text mit seinen Fragen, Erfahrungen, Zweifeln. Man kann auch sagen: Der Text wirbt um den Prediger, der Prediger wirbt um den Text. Oft gleicht diese gegenseitige Werbung freilich eher einem Kampf.

Wenn ich sage: Meditation heisst den Text *betend* überdenken, erwägen, mit sich tragen, so verstehe ich unter Beten nicht nur einzelne spirituelle Akte, sondern eine spirituelle Haltung, die als eine Art besonderer Aufmerksamkeit umschrieben werden könnte. «L'attention sans mélange est prière.» (Simone Weil: *La pesanteur et la grâce*, 1948) Der Prediger, der im Medium eines Bibeltextes Gottes aktuelles Wort zu hören sich bereit hält, begegnet sich selber, begegnet auch seiner Mitwelt mit geschärfter Aufmerksamkeit, mit vertiefter Zuwendung. Gottes Wort fällt nicht vom Himmel herunter, es ergeht heute wie ehedem geschichtlich-konkret, ist Geschichtswort, Sachwort, Tatwort, Menschenwort, Weltwort. So konnte der jüdische Dichter Ludwig Strauss – meines Erachtens mit Recht – sagen: «Jeder ist Gottes Bote an den andern.» Strauss schrieb zum Beispiel von einem atheistischen Freund: «Gott hat dich zu mir gesandt, mich vor den Gefahren des Glaubens zu warnen.» (Ludwig Strauss, *Wintersaat*, 1953) Der Bibeltext löst beim Prediger erneute Bereitschaft aus, auf Gottes Anrede durch konkrete Mitmenschen oder Geschehnisse aufmerksam zu werden, sich zur Welt hin zu öffnen. Das eine betende Haltung zu nennen, widerspricht vielleicht reformierter Tradition, die unter Gebet bestimmte spirituelle Akte und Äusserungsformen versteht. Wir geraten hier möglicherweise in die Nähe der Mystik, nur ist, was ich zu umschreiben versuche, weniger eine Haltung der Selbstversenkung als vielmehr eine solche der Öffnung unseres Selbst zur Welt, nach aussen hin. Es gilt, aufmerksam zu werden, auf dem «qui-vive» zu sein für Gottes heutige Selbstbezeugung, die das in Jesus Christus artikulierte Wort neu in Kraft setzt, neu zur verändernden Kraft macht.

Einen Bibeltext so mit sich durch die Tage tragen, geschieht in der Hoffnung, dass am Ende etwas herausspringt, eine Art Gewissheit, ein So-und-nicht-anders-spricht-jetzt-der-Herr – nach einer Zeit des Reifens und Wartens also fast ein Geburtsakt. Oft genug muss jedoch, aus Termingründen, eine Frühgeburt eingeleitet werden. Paul Tillich hat einmal erklärt, zur Vorbereitung eines Vortrags brauche er vierzehn Tage, zur Vorbereitung einer Predigt dagegen vier Wochen. Wie aber, wenn ein Prediger jeden Sonntag predigen soll? Es kann oft gar nicht anders sein, als dass die Predigt verfrüht und in den Präliminarien der Erklärungen und Erwägungen steckengeblieben ist. Daher dann der Eindruck, unter dem der Prediger selbst am allerersten leidet, dass, was Gottes Wort hätte sein sollen, Propädeutik geblieben ist. Das ist eine Not. Zugleich freilich verunmöglicht diese Not, darin nun auch wieder Gnade, den

Perfektionismus eines homiletischen Werkglaubens. Der Prediger entgeht durch seine Zwangslage also der Versuchung, der sich der Lyriker wie jeder Künstler in allererster Linie ausgesetzt sieht. In der Lyrik, wo Termine wenig, Perfektion jedoch nahezu alles bedeutet, ist der Glaube an die Rechtfertigung durch das geschaffene Werk allzu naheliegend, um theologisch unbedenklich bleiben zu können.

Wie steht es nun mit dem Lyriker?

Auch er verhält sich primär rezeptiv. Er hört, sagten wir, nicht auf Ihn, auf Gott, sondern auf Es. Medium seines Hörens auf das Es ist sein eigenes Selbst.

Unter dem Es, auf welches der Lyriker hört, zu dem er sich also rezeptiv verhält, verstehe ich alles, was die Erlebniswelt des Lyrikers ausmacht. Ich spreche nicht von der Welt, sondern von *Erlebniswelt*, weil die Welt keine objektive ist, sondern eine solche, in der keine Scheidung zwischen Subjekt und Objekt möglich ist. Für den Lyriker ist eine objektive, vom Subjekt abstrahierte Realität höchstens ein operationaler Hilfsbegriff, um gesellschaftliche oder wissenschaftliche Zusammenhänge analysierend benennen zu können. Die elementare Realität aber erschliesst sich dem Lyriker nur mittels seiner Subjektivität, ist ihm nur subjektiv erfahr- und erkennbar. Auch was Nicht-Ich oder Objekt ist, wird mittels des überaus komplizierten Apparats der Subjektivität wahrgenommen. Dieses durch Subjektivität konstituierte Welterlebnis (Gibt es überhaupt ein anderes?, fragt der Lyriker) umfasst die Erlebniswelt des Lyrikers, die ich «Es» nenne. Objektivität kommt in diesem Zusammenhang nur als Kunst-Derivat vor, nämlich als die im fertigen Gedicht objektivierte Subjektivität.

Vom «Es» wird hier im Anschluss an Sigmund Freud, doch in einem erweiterten Sinne, gesprochen. In Freuds Terminologie bezeichnet «Es» das Unbewusste. Freud meinte, unsere Aufgabe sei es, aus dem «Es« sukzessive «Ich» zu machen, das Unbewusste, statt es zu verdrängen, bewusst zu machen und so zu sublimieren. C. G. Jung und seine Schule, weniger rational als Freud und Grundideen der romantischen Philosophie neu aufnehmend, betrachten «Es» und «Ich», Unbewusstes und Bewusstsein, als die zwei Hälften unseres Wesens. Es geht nicht so sehr darum, dass die eine dieser Hälften über die andere obsiegt oder sich diese anverwandelt, viel mehr bilden «Ich» und «Es» gemeinsam den ganzen, den vollständigen Menschen, die das «Selbst» als umgreifende Lebensgestalt konstituierende «Conjunctio».

Wenn ich sage, der Lyriker höre auf das «Es», so gehe ich über die tiefenpsychologische Verwendung dieses Begriffes noch hinaus. Unter «Es» verstehe ich hier die Welt insgesamt, wie sie vom Lyriker mittels seiner Subjektivität erlebt wird. Dieses Erlebnis ist zunächst noch nicht artikuliert, weshalb sich ein so kleines, neutrisches Wörtchen empfiehlt. Ferner partizipieren an diesem Welterleben sowohl das Bewusstsein wie das unterschwellig Unbewusste; unmöglich, ja sogar unerwünscht ist es, beider Anteil jeweils analytisch zu differenzieren. Solche Analyse würde den schöpferischen Prozess nur hemmen, wenn nicht sogar unterbinden. Dazu kommt, dass der Begriff «Es» sowohl an Sächliches (Objekte) wie zugleich an den «Es»-Begriff der Tiefenpsychologie erinnert. Damit ist es möglich, das subjektive Welterleben des Lyrikers angemessen zu bezeichnen. Der Lyriker will mit seinem Gedicht ja durchaus auch das Nicht-Ich, die Aussenwelt, artikulieren! Er kann es jedoch nur durch seine Subjektivität, die Bewusstsein und Unbewusstes umschliesst und in der sich Aussen- und Innenwelt auf komplizierteste Weise durchdringen und verweben.

So hat der Lyriker eine ihm eigentümliche, von ihm gewollt kultivierte, aber durchaus nicht etwa ihm allein vorbehaltene Art, auf das «Es», d. h. auf die im definierten Sinne verstandene Welt, zu hören. Medium dieses Hörens ist sein «Selbst», die mit Bewusstsein und Unbewusstem arbeitende Subjektivität des Dichters.

Der Lyriker hört auf seine Welt (die für ihn «die» Welt ist), indem er sein subjektives Welterleben meditiert. Gegenstand seiner Meditation, seiner Rezeptivität ist deshalb, wie gesagt, nicht Er, Gott, sondern Es, die Welt. Diese Unterscheidung ist nicht allein eine methodische, sie enthält eine grundsätzliche Stellungnahme, die «Er» und «Es», Gott und Welt, Gottesoffenbarung und Welterlebnis deutlich geschieden haben will. Der Lyriker vermittelt im Gedicht nicht Gottesoffenbarung, sondern Welterfahrung. Ist in seinen Gedichten von Gott die Rede, so handelt es sich um ein Element seines subjektiven Welterlebens oder um Anrufung einer Macht, die Gott zu nennen der Lyriker für richtig hält. Man muss den Lyriker in diesem subjektiven, von keiner Autorität gedeckten Urteil ernst nehmen. Was er als Gott bezeichnet, könnte Gott sein. Auch der Prediger, so sahen wir, wendet ja seine Aufmerksamkeit der Welt zu in der Erwartung, dass sich ihm Gott hier in Menschen, Vorgängen, Erlebnissen aktuell bezeugen könnte. Gott ist auf oft unvorhersehbare Weise in der Welt *gegenwärtig*, was ein ängstlicher Dogmatismus gern übersieht. So könnte ein Lyriker bei seinem Hören auf das «Es», in die Welt hinein, sehr wohl etwas von Gott zu hören bekommen, was dem Prediger entgeht. Anderseits kann, was der Lyriker als Gottes Äusserung zu hören vermeint, ebensogut ein Stück noch unerforschter Wirklichkeit sein. Diesem Irrtum verfällt der Lyriker leichter, weil er nicht, wie der Prediger, vom artikulierten Wort Gottes her kommt, deshalb über keine Kriterien verfügt, um Gott vom Teufel unterscheiden zu können, was, wie Luther gesagt haben soll, das Kennzeichen echter Theologie wäre. Vor Sigmund Freud war es ja an der Tagesordnung, Manifestationen zum Beispiel des Unbewussten kurzum für göttliche Manifestation oder Inspirationen zu halten, im Lyriker deshalb eine Stimme Gottes oder der Götter zu sehen. Doch heute können wir nicht mehr hinter Sigmund Freud und seine Erkenntnis zurück, dass die Quelle auch der lyrischen Inspiration in der Regel nicht Er, Gott, sondern Es, die Welt erlebende Subjektivität und in dieser zu einem erheblichen Teil das Unbewusste ist.

Der Fall des christlichen Dichters kann hier als Spezialfall nicht untersucht werden, die Frage nach seinen Inspirationsquellen bedürfte eingehender Abklärungen. Interessant bleibt John Miltons allegorisches Bekenntnis, dass Urania, zwar nicht dem Namen, doch dem Wesen nach seine «Himmelsmuse», als solche aber nicht auf «dem alten Olympus» zu finden sei, da sie «des Himmels Tochter» schon war, ehe die Berge waren und die Quellen flossen. Von Anfang an «Verkehrtest mit der ew'gen Weisheit du / Mit deiner Schwester, und du sangst mit ihr / Vor dem allmächt'gen Vater, den erfreute / Dein himmlischer Gesang» (*Das verlorene Paradies,* VII, 1 ff.). Milton sieht demnach die Poesie als «Schwester» der spielenden Weisheit von Sprüche 8,22 ff. Versucht der Lyriker, der auf das «Es» der erlebten Welt hört, vielleicht – ob er es weiss oder nicht – auf das Spiel jener Weisheit zu hören? Ich lasse das als Frage, als mögliche theologische Hypothese, stehen.

3.

Wie kommt es vom rezeptiven Welterlebnis (dem Hören auf das «Es») zum artikulierten Gedicht? Das zu beschreiben ist nahezu unmöglich. Am Anfang dieses Prozesses stehen unartikulierte Impulse, Bedrängnisse, Euphorien, Ängste, Ahnungen, Visionen, Rhythmen, Assoziationen oder was immer. Jedenfalls stellt sich der Lyriker dem noch Unartikulierten und verdrängt es nicht (wie dies der sogenannte Normalmensch in der Regel tut). Insofern hat Gedichte-Machen für den Lyriker selbst, später vielleicht auch für seine Leser (deren Lesen ja ein Mit- und Nach-Machen des Gedichts ist!), eine fast psychotherapeutische Funktion, kann vom Gedicht heilende, integrierende Wirkung ausgehen.

Unmöglich ist es jedoch, genau festzustellen, wann das «Hören» in das Artikulieren übergeht. Beginnt nicht mit dem Hören, mit dem Beschäftigt- und Ergriffensein durch ein einzelnes Etwas aus dem grossen «Es» bereits das Artikulieren? Ist intensive Rezeptivität nicht gleichzeitig auch schon befreite Aktivität, also tätige Artikulation?

Dazu kommt, dass der Lyriker ein Sprachskeptiker ist, der dem schon Artikulierten misstraut. Er befürchtet, dass der konventionelle Sprachgebrauch die Realität nur halb oder gar nicht trifft, sie vielleicht auch ideologisch vernebelt im Interesse der jeweils Herrschenden. So verhält sich der Lyriker zum vornherein kritisch-skeptisch zu der ihm von der Gesellschaft angebotenen Sprache, er versucht, ihr die elementarere, wie er hofft, wahrere Artikulation seiner Subjektivität entgegenzusetzen und mit dieser die Gebrauchssprache zu beeinflussen. Dieses Vorgehen stempelt den Lyriker zu einem asozialen Individuum. Sein Gedicht zielt primär nicht auf Verständlichkeit, weil Verständlichkeit ja immer Anpassung an die konventionelle Sprache der Gesellschaft bedeutet. Doch gerade diese Anpassung will der Lyriker um keinen Preis. Anders der Prediger: Er muss auf Verständlichkeit aus sein. Das ist auch seine Gefahr: Um sich verständlich zu machen, passt er sich der Redeweise, die immer auch die Denkweise einer Gesellschaft ist, an, mitunter so beflissen, dass seine Predigt nur noch sprachliche Reproduktion eben dieser Gesellschaft ist, womit die Predigt ihre verändernde Kraft einbüsst. Wogegen der Lyriker in Gefahr gerät, sich in der eigenen Sprachwelt echolos zu isolieren. Ihm bleibt freilich immer noch die Hoffnung, dass seine jetzt unverständliche Sprache eines künftigen Tages ihre Wahrheit dadurch beweisen wird, dass sie Lesern dieser künftigen Tage verständlich sein wird – eine Hoffnung, die dem auf sofortige Verständlichkeit bedachten Prediger versagt bleiben muss.

So ist der Lyriker ein sprachlich Unangepasster. Aber gerade diese Unangepasstheit schärft seine Aufmerksamkeit, intensiviert sein Hören auf alles, was noch nicht artikuliertes oder neu zu artikulierendes «Es» ist. Diese besondere Aufmerksamkeit (man könnte auch sagen: Sensibilität) schliesst die Fähigkeit und Bereitschaft zu neuen, subjektiv geprägten Artikulationsweisen bereits in sich. Die Übergänge zwischen «Hören» und «Artikulieren» verwischen sich. Hören wird Artikulieren, aber auch umgekehrt: Im Artikulieren selbst vollzieht sich das Hören, z. B. durch die Methode, das Wort beim Wort zu nehmen, oder durch parodistische Verwendung der Gebrauchssprache usw.

Vermutlich ist der Lyriker, klinisch gesehen, ein Neurotiker. Freilich ein renitenter Neurotiker! Er geht nicht zum Psychiater, damit ihn dieser psychisch wieder in die Gesellschaft einpasse. Solche Kur würde den Lyriker geradezu seiner kreativen Potenz berauben. Der Lyriker glaubt, dass seine Neurose weitgehend soziogen, d. h. durch die Gesellschaft verursacht, ist, mindestens durch deren repressive und inhumane Komponenten. Sein «Hören» bezieht sich auf vieles, was die Gesellschaft nicht ernst nimmt: auf Träume, Bilder, Visionen, Details, Assoziationen, Nuancen, auf Dinge und Existenzen ausserhalb der Normalität. Der Lyriker trägt ein solches «Etwas» mit sich, ähnlich wie der Prediger seinen Bibeltext meditierend mit sich trägt. Vielleicht stellen sich Wörter ein, Bilder, Rhythmen. Manchmal wird etwas notiert, wieder weggelegt, später neu ergänzt: So entstehen Entwürfe, im Entwerfen «hört» der Lyriker, im «Hören» entwirft er.

Wann ist ein Gedicht für seinen Verfasser fertig?

Ein Gedicht ist fertig, wenn es nach dem Urteil seines Verfassers ein autonomes sprachliches Gebilde geworden ist, nicht mehr verbesserbar, weil in sich geschlossen, weil rhythmisch und metaphorisch kompakt: Das Gedicht «stimmt». Ist diese optimal «dichte» Form erreicht, so löst sich das Gedicht vom Verfasser und wird selbständig. Es hört auf, den Autor zu beschäftigen und zu beunruhigen. Die Veröffentlichung des Gedichts ist in der Regel die endgültige Entlassung des Gedichts durch den Autor. Von jetzt an steht ihm das eigene Gedicht als literarisches Objekt *gegenüber*.

Ein ähnlicher Objektivierungsprozess findet mit der Predigt kaum statt. Selbst mit einem Predigtmanuskript, das optimal durchgearbeitet und durchgefeilt wurde, ist die Predigt nicht fertig. Sie hat als Text kein Eigenleben. Ja, ein äusserst kompaktes, «dichtes» und definitives Manuskript kann die Predigt geradezu sterilisieren. Predigt ist *mündliche* Rede, sie sollte mehr als nur Rede, sollte Dialog sein, auch wenn im Gottesdienst zur Zeit Zwischenfrage und Gegenrede nicht zugelassen sind. Immerhin sieht der Prediger die Gemeinde physisch vor sich, stellt an Haltungen, Gesichtern, Bewegungen Reaktionen fest. Auf diese Reaktionen sollte er seinerseits reagieren können. Was im Manuskript entfaltet ist, muss er plötzlich kürzen – oder umgekehrt. Das Manuskript darf nicht Diktat sein. Die Gemeinde will auf die ihr mögliche Weise die Predigt mitgestalten und durch die Gemeinde – wer weiss – vielleicht Gott selbst, dessen aktuelles Wort ja laut werden soll. Je perfekter aber der Text des Predigtmanuskriptes ist, desto schwieriger werden spontane Abweichungen, Ergänzungen, Einschübe. Die literarische Perfektion des Predigtmanuskriptes kann die Predigt selber sterilisieren, weshalb es, wie gesagt, oft gut ist, dass aus Termingründen eine solche Perfektion kaum je erreicht werden kann.

Wann ist jedoch die Predigt fertig? Wenn nicht mit dem formulierten Manuskript, so vielleicht, wenn die Predigt gehalten worden ist? Doch auch das wäre keine gute Predigt gewesen. Predigt will den Hörer ja in einen Dialog verwickeln. Gute Predigt ist Beginn dieses Dialogs, dessen Fortführung die Tätigkeit des Pfarrers in der Gemeinde weitgehend bestimmt. Darum ruft die eine Predigt schon der nächsten. Und dabei ist der Dialog Gemeinde – Pfarrer erst Eröffnung des wahrhaft existentiellen Dialogs, nämlich des Dialogs der Gemeinde mit Gott im Dialog Gottes mit der Gemeinde.

Daraus folgt: Eine Predigt kann nie so fertig sein, wie ein Gedicht fertig sein muss, um ein Gedicht zu sein. Erst *Gottes* Wort, wenn es Menschen trifft und verändert, vollendet das Menschenwort der Predigt, setzt jenes definitive «Amen», das das Reden des Predigers durch einen neuen Anfang gültig beschliesst. Die Bitte um den Heiligen Geist, konstitutiv für jeden Gottesdienst, bittet um dieses uns unverfügbare «Amen» als das aktuelle Handeln Gottes am Menschen.

4.

Dem Vergleich von Predigt- und Gedichtentstehung möchte ich den Versuch einer Nutzanwendung folgen lassen.

Der Lyriker versucht, sein eigenes Wort, der Prediger versucht, Gottes Wort zu artikulieren. Der Lyriker, seine Subjektivität artikulierend, versucht, die eigene Identität zu finden. Der Prediger glaubt wie jeder Christ die eigene Identität nur «in Christus» finden zu können. Sein Weg ist der der Selbstverleugnung. Es würde zu weit führen, hier zu untersuchen, worin solche Selbstverleugnung zu bestehen hat. Sicher bedeutet sie für den Prediger *nicht*: die eigene Subjektivität verleugnen und nur noch als Rollenträger und Rollensprecher agieren.

Wohl hat der Prediger nicht seine Subjektivität, sondern Gottes Wort, das Jesus Christus heisst, zu verkünden. Doch ergeht gerade dieses Wort nicht göttlich-rollenhaft, es bricht sich in der menschlichen Subjektivität Jesu von Nazareth und gewinnt erst in *dieser* Brechung Leuchtkraft. Genau dasselbe gilt vom Zeugnis der biblischen Zeugen insgesamt. Zur «Knechtsgestalt» des Wortes Gottes gehört die Subjektivität dieses Wortes (= Jesus Christus) selber wie auch die keineswegs verleugnete Subjektivität seiner Zeugen. Erst die Vorstellung von einem von der Kirche «verwalteten» Wort Gottes leistete dem Missverständnis Vorschub, als sei dieses Wort in dem Sinne objektiv, dass es nur rezitiert, jedoch nicht bezeugt zu werden braucht. Zeuge sein heisst: *mit* der Subjektivität, die jedem gegeben, das Wort Gottes verkünden. In der Mitteilung des Zeugen teilt dieser nicht primär, wohl aber sekundär sich selber mit. Tut er das nicht, so wird aus dem Zeugen ein blosser Rollensprecher. Dementsprechend werden auch seine Predigten unpersönlich, farblos und langweilig sein. Die Erfahrung des Lyrikers, dass Erlebnis und Mitteilung immer nur als subjektive «echt» sein können, ist auch für den Prediger von Bedeutung, der als Zeuge spricht, nicht als Wissenschaftler, der operational eine Terminologie der Objektivität verwendet. Der Prediger als Zeuge wird sich selbst (seine Subjektivität) nicht weniger dezidiert in sein Zeugnis einsetzen, als dies der Lyriker im Gedicht tut.

Damit ist nicht für eine Predigtweise plädiert, die die Erlebnisse des Predigers in den Vordergrund rückt. Vielmehr geht es hier um eine Frage des Predigtstils. Was Friedrich Heer vom Beten schrieb, gilt auch von der Predigt: «Und nie ruhig werden, bevor man nicht den zur eigenen Person passenden Gebetsstil gefunden hat...» (Friedrich Heer, *Sprung über den Schatten*, 1959) Da auch die Person des Predigers nie definitiv ausgeprägt, sondern als hoffentlich lebendige im Wandel begriffen ist, wird die Suche nach dem eigenen Predigtstil nie zu Ende sein können.

Der Prediger, der weiss, dass er selber «unterwegs» ist (vgl. Phil 3,13), wird keineswegs alle seine Aussagen absolut setzen können. Er weiss um die geschichtliche und subjektive Bedingtheit dieser Aussagen. Darum dürfte er sie nicht der Befragung und Diskussion zum vornherein dadurch entziehen, dass er seine Sätze in autoritative Formen kleidet wie zum Beispiel: «das Evangelium», «die Kirche», «die Bibel», oder gar tautologisch: «das Wort Gottes» sagt so und so. Er hat sich auch vor «Wir»- und «Man»-Sätzen zu hüten («wir» glauben, wie «man» weiss), die durch Vorspiegelung eines (etwa christlichen) Consensus jedes weitere Gespräch als überflüssig erscheinen lassen. Will der Prediger den Dialog mit der Gemeinde, so muss er geradezu und mehr, als dies heute noch geschieht, Subjektivitätsklauseln anbringen und sagen können: «So, wie ich es verstehe», «nach meiner Meinung ...» usw. Damit verzichtet er darauf, absolute Richtigkeiten zu dekretieren, er bringt vielmehr seine Inter-pretation als zunächst subjektive Äusserung ins Spiel und zeigt sich so einem Dialog und besserer Belehrung zugänglich. Den Begriff «Subjektivitätsklausel» verdanke ich Dorothee Sölle, die in einer mündlich vorgetragenen Interpretation der Lyrik von Johannes Bobrowski deutlich machte, wie bei Bobrowski die «christlichen» Aussagen je und je durch solche Subjektivitätsklauseln gekennzeichnet sind.

Ich meine damit nicht, dass *alle* Predigtsätze nur noch als subjektive Meinungen formuliert werden sollten. Ich meine aber, dass eine Predigt, die immer nur (pseudo-)objektive Rich-tigkeiten dekretiert, unglaubwürdig wird. Es ist ja schlechter-dings unmöglich, jeden Sonntag *nur* in einem thetisch-auto-ritativen Offenbarungsstil zu reden. Damit stilisiert sich der Prediger zu etwas, was er nicht sein kann, jedenfalls nicht jeden Sonntagmorgen: zu einem Propheten. Je mehr der Prediger seine Ansicht, sein Verständnis als seine *subjektive* Ansicht, als sein *subjektives* Verständnis redlich zu erkennen gibt, damit also seine Aussagen zur Diskussion stellt, desto glaubwürdiger wird er in den (vielleicht nur wenigen) Sätzen, wo er tatsächlich prophetisch reden muss, wo er tatsächlich ein Wort als undiskutables Wort *Gottes* aktuell formuliert: «So und nicht anders spricht jetzt der Herr!» – «Das und nichts anderes will *Er* jetzt von uns!» Auch hier also: Weniger (solche Sätze) wäre mehr.

Sobald der Prediger unterscheiden lernt zwischen Aussagen, die einer Subjektivitätsklausel bedürfen, und Aussagen, in denen das prophetisch-autoritative «So spricht der Herr» unumgänglich ist, gewinnt er eine grössere Freiheit im Vortrag subjektiver Meinungen. Eine auf den Dialog mit der Gemeinde hin konzipierte Predigtweise wird die Äusserung subjektiver Meinungen nicht scheuen. Bedingung ist nur, dass die subjektive Meinung als solche bezeichnet und formuliert wird! Ich halte es zum Beispiel für falsch, wenn etwa gesagt wird, ein Pfarrer dürfe seine politische Meinung nicht auf die Kanzel bringen. Es sollte doch anzunehmen sein, dass sich der Pfarrer seine politische Meinung als *Christ* zu bilden versucht, in der Verantwortung vor Gottes Wort, das Jesus Christus heisst. Warum soll er nicht bekannt geben, wie er als Christ seinen Glauben in politischen Stellungnahmen und Entscheiden zu realisieren versucht? Seine Hörer sind ja ebenfalls Christen und müssen sich als solche politisch betätigen und entscheiden! Politische Meinungs- und Willensbildung in christlicher Verantwortung ist zuallerletzt eine so einfache oder so selbstverständliche Sache, dass sie jedem Christen ruhig als Privatsache anheimgestellt werden könnte. Darüber muss gesprochen werden. Und dieses Gespräch darf durchaus durch den Pfarrer begonnen und immer neu genährt werden, vom Wort Gottes her, wenn auch subjektiv ungeschützt, aber gerade so zum Gespräch aufrufend, ermunternd, hie und da auch zu ihm provozierend.

Nur eine Predigt, die ungeschützt offen ist (sowohl formal wie im Sinne subjektiver Aufrichtigkeit sich selber und dem Hörer gegenüber), vermag andere für jenen Dialog zu öffnen, in dessen Verlauf Gottes Wort, d. h. Christus, das Bewusstsein, das

Verhalten, schliesslich auch das Unbewusste eines Menschen zugleich aktiviert und befriedet, so dass aus Hörern Täter des Wortes (Jak 1,22) werden, die als aktive Zeugen des Schalom (= Friede, Heil, Recht, Wohlstand) Gottes mithelfen, die Gesellschaft zu verändern.

So kann der Prediger vom Lyriker lernen, dass sein Wort erst dann glaubhaft und wirksam werden wird, wenn in ihm die lebendige Subjektivität des Zeugen mitenthalten ist.

Umgekehrt kann der Lyriker vom Prediger lernen, dass die Artikulation der eigenen Subjektivität zunächst für den Individuationsprozess des Lyrikers selbst sehr wichtig, aber doch nicht das Letzte ist. Zwar verhält sich der Lyriker, wie gesagt, asozial, indem er der Sprache der Gesellschaft *seine* Sprache entgegenstellt, wahrscheinlich in der vermessenen (und doch nicht völlig hybriden) Erwartung, dadurch die Sprache der Gesellschaft, die der schwedische Dichter Lars Gustafsson als «Maschine» bezeichnet (Lars Gustafsson, *Die Maschine*, 1967), ein wenig zu verändern, sei es auch nur dadurch, dass das eine oder andere Wort eine neue Nuance bekommt. Mithin ist auch der asoziale Lyriker, sobald er seine Gedichte publik macht, auf Veränderung aus. Er ist asozial in Beziehung zur *jetzigen* Gesellschaftsordnung. Seine Lyrik enthält aber, auch wenn er keineswegs engagiert im Sinne Sartres ist, sprachliche Spuren, metaphorische Signale in Richtung einer humaneren Gesellschaft. Die soziale Unangepasstheit des Lyrikers hat mit dazu beigetragen, dass er in unserer Gesellschaft, um mit Trakl zu reden, ein «Abgeschiedener» ist, ein Einsamer. Darf sich der Lyriker aber auf diese ihm von der jetzigen Gesellschaft zugewiesenen «Rolle» festnageln lassen? Sollte nicht gerade er, statt hermetisch zu monologisieren (wie Gottfried Benn es postulierte), den Dialog suchen? Müsste er nicht versuchen, sprechbarer zu schreiben, jetzt, wo die mündlichen Kommunikationsformen (Rundfunk, Fernsehen) immer mehr Bedeutung gewinnen? Müsste er nicht versuchen, ähnlich wie der Prediger, unmittelbar, in der direkten Anrede an die Hörer diese in einen Dialog (mit sich, mit der Umwelt) zu verwickeln? Amerikanische und russische Lyriker tun das. Bertolt Brecht hat solche Gedichte geschrieben. Wer jedoch hierzulande einer Dichterlesung folgt, hat schon nach dem ersten Gedicht Mühe mitzukommen und verfällt dann in eine Art Trance, in der sich ihm höchstens noch die musikalischen Reize des Gelesenen mitteilen.

Der Lyriker müsste sich also fragen lassen, ob er im Blick auf die zu verändernde Gesellschaft sich nicht um eine dialogischere Schreib-, ja Sprechweise bemühen sollte. Indem er seine einsame Schwerverständlichkeit kultiviert, erweist er der Gesellschaft, die ihm nicht gefallen kann, den grössten Gefallen: Er spielt genau jene Rolle, die sie ihm zuweist und mit der sie ihn neutralisiert.

Noch einmal: Ich rede hier keineswegs der engagierten Lyrik das Wort, obwohl ich sie nicht ablehne. Aber Lyrik ist mehr als das, was üblicherweise unter Engagement verstanden wird. Ihre Kategorie ist die der Möglichkeit. Auch Wirklichkeit wird hier weitgehend in der Kategorie der Möglichkeit begriffen. Selbst in scheinbar nur deskriptiven Gedichten ist die Möglichkeit eine Form der Welterkenntnis, des Welterlebens. Die Kategorie der Möglichkeit ist das, was im Gedicht über Vergangenheit und Gegenwart (des Lyrikers und seiner Welt) vorwärts weist in die Zukunft. Durch die Meditation von und durch das Spiel mit Möglichkeiten, in jedem Gedicht mehr oder weniger vorhanden, widerspricht das Gedicht auf leise Art dem, was jetzt ist, und visiert einen individuellen und sozialen Zustand der Dinge, wo der Mensch seine Möglichkeiten freier, besser entfalten kann, wo er, statt in Neurosen gedrängt, zu sich selber befreit und so auch frei wird für alles, was Nicht-Ich ist. Vielleicht hatte Milton doch nicht so unrecht, als er die Poesie als Schwester der spielenden, bei der Schöpfung mitspielenden Weisheit sah. Unrecht haben aber jene Lyriker, die dieses Spiel mit dem Möglichen nur als Kunst um der Kunst willen betrieben haben wollen. Sie müssten erkennen, dass ihr Spiel mit dem, was möglich ist, die Veränderung dessen, was ist, latent enthält. Sie sollten sich diesen latenten Appell zur Veränderung, den ihre Lyrik enthält, bewusst machen, um ihn auch den

Lesern und Hörern bewusst machen zu können. Kurz: Die Lyriker sollten sich darüber klarer werden, dass auch sie mit ihren Lesern und Hörern in einen Dialog geraten über die Zukunft dieser veränderbaren Welt.

Freilich: Solche Belehrung an die Lyriker kann nur von einer Predigt ausgehen, die ihrerseits zum Dialog einlädt, die ihrerseits Veränderungen bewirken will, weil sie in Jesus Christus, dem Wort Gottes, den grossen, eschatologischen Veränderer, bereits am Werk weiss.

Für den Lyriker ist Zukunft vielgestaltige, noch unentschiedene Möglichkeit. Für den Christen (ob er predigt oder nicht) ist die Zukunft entschieden und Gestalt geworden in Jesus Christus.

Wie verhalten sich diese beiden Zukunftsbegriffe zueinander? Das abzuklären bedürfte weiterer Vergleiche und Konfrontationen.

Gottes- und Geistesgegenwart

Ein Nachwort

Andreas Mauz / Ralph Kunz

«Zuweilen kommen Leute in einen Gottesdienst, den ich halte, mit der Erwartung einen ‹Dichter›, zumindest einen ‹Schriftsteller› zu hören. Etwas enttäuscht zotteln sie wieder ab, begreiflicherweise: Sie haben einen Pfarrer, eine Predigt gehört, keine ‹Dichtung›, nicht einmal ‹narrative Theologie›.»

Kurt Marti, *Gottesbefragung* (1982)

«Prediger brauchen Menschen, brauchen Gemeinden, die ihnen mit ihrer Hoffnung, die eigene Hoffnung immer wieder zurückgeben. Das ist das Geheimnis des Gottesdienstes, d. h. der Gottes- und Geistesgegenwart in der Gegenwart der Gemeinde.»

Kurt Marti, *Schöpfungsglaube* (1983)

I.

Kurt Marti war zwischen 1948 und 1983 Gemeindepfarrer. In diesen 35 Jahren hat er unzählige Predigten gehalten. Dass diese geschätzt wurden – in den jeweiligen Gemeinden und über sie hinaus –, zeigt der Umstand, dass Pfarrer Marti im Anschluss an den Gottesdienst regelmässig um Kopien gebeten wurde. Kurt Marti ist aber nicht nur diesem Wunsch nachgekommen. Er hat seine Predigten auch als Teil seines theologischen Werks wahrgenommen und in mehreren Bänden publiziert (da und dort aber auch in Einzeldrucken). Diese insgesamt fünf Sammlungen, die oft mehrere Auflagen erlebt haben, sind heute nur noch teilweise und – wenn – in älteren Ausgaben lieferbar.[1]

Dies war aber nur der eine Grund, der zur vorliegenden Publikation Anlass gab. Der andere: Im Nachlass Kurt Martis (aufbewahrt im Schweizerischen Literaturarchiv, Bern) findet sich eine grössere Zahl an Predigen, die nie publiziert wurden – aber unbedingt verdienen, interessierten Leserinnen und Lesern zugänglich gemacht zu werden.

Obwohl das Nachlassmaterial einen Band füllen würde, haben wir uns aufgrund der vergriffenen älteren Sammlungen für einen *Querschnitt* aus seinem Predigtwerk entschieden. Das vorliegende Buch bietet daher eine Auswahl, die ebenso publizierte Texte wie Erstveröffentlichungen umfasst. Die frühesten der insgesamt 31 Predigten stammt aus den 1960er-Jahren, die späteste ist Martis Abschiedspredigt vom April 1983.[2] Auch wenn diese Texte nur einen kleinen Ausschnitt aus einem deutlich umfangreicheren und leider nur teils erhaltenen Predigtwerk bilden: Sie zeigen Pfarrer Marti beim Kerngeschäft, als engagierten Ausleger des Evangeliums. Sie geben einen repräsentativen Eindruck seiner Verkündigung in «der Gottes- und Geistesgegenwart in der Gegenwart der Gemeinde»[3].

Den Predigten haben wir einen Nachdruck von Kurt Martis Essay *Wie entsteht eine Predigt? Wie entsteht ein Gedicht?* (1968) an die Seite gestellt. Diese bemerkenswerten Reflexionen flankieren seine Auslegungen stimmig im Sinn einer Selbstkommentierung. Marti hat sich immer wieder zur Aufgabe des Predigens geäussert, der genannte Essay gehört diesbezüglich aber sicher zu seinen wichtigsten Stellungnahmen. Aufgrund seiner vergleichenden Anlage – der Zusammenschau der Gattung der Predigt mit der des Gedichts – bildet der Essay zugleich eine Brücke zum «anderen» und insgesamt wohl bekannteren Marti: dem Lyriker. Durch die Nutzung wie Entwicklung avancierter lyrischer Formen wurde er nicht nur zu einem Protagonisten der schweizerischen *modern mundart*, sondern auch zu einem Exponenten einer neuen – politischen – christlichen Dichtung.[4]

Der Titel unserer Auswahl ist von Kurt Marti selbst geborgt. Er hat seine Beschäftigung mit dem 1. Johannesbrief unter den Titel *Gottesbefragung* (1982) gestellt; wir haben diesen für unsere Zwecke in den Plural gesetzt. Martis Predigten sind auch dann Gottesbefragungen, wenn sie nicht unmittelbar von Gott sprechen. Das kann anders nicht sein, denn: «Gottes Wort fällt nicht vom Himmel herunter, es ergeht heute wie ehedem geschichtlich-konkret, es ist Geschichtswort, Sachwort, Tatwort, Menschenwort, Weltwort.»[5]

II.

Dass Kurt Marti von der Gattung oder vielmehr eben von der Aufgabe der Predigt fasziniert war, bezeugt auch *Ein Topf voll Zeit* (2008), seine autobiografischen Aufzeichnungen zu den Jahren 1928 bis 1948. Hier finden sich zwei Abschnitte, die von seinen frühen Predigterfahrungen handeln, und beide verdienen aus verschiedenen Gründen erwähnt zu werden.

Die erste Passage gilt Martis allererster Predigt, die er 1943 überraschend zu halten hatte. Während seines Militärdiensts wird ihm – noch am Anfang des Theologiestudiums – unverhofft anstelle des wenig beliebten Feldpredigers die Verantwortung für einen Sonntagsgottesdienst übertragen. Er versucht sich der Aufgabe durch den Hinweis zu entziehen, dass die Predigtlehre erst zu den nachpropädeutischen Stoffen gehöre – doch es bleibt dabei. Der Auftrag oder eher Befehl des «Kadi» lässt ihn in «mittlere[...] Panik»[6] verfallen. Marti entscheidet sich schliesslich für einen klassischen Text: den Christushymnus des Philipperbriefes (Phil 2,5–11). Und siehe da, seine Predigt wird geschätzt – allerdings nicht aufgrund ihres theologischen Gehalts, sondern wegen ihrer Kürze. «Wir hatten nicht einmal Zeit einzuschlafen»[7], so einer aus der Soldatengemeinde.

Es handelte sich hier um eine harmlose Anekdote, ginge die Erfahrung für den Prediger selbst als Erfahrung des *Misslingens* nicht mit fundamentalen Erwägungen einher. Das Gefühl, «mit der ersten Predigt blamabel gescheitert zu sein», gibt dem Debütanten nicht nur Anlass, über die Kanzelrede als Verkündigung des «Wort Gottes» nachzudenken, sondern auch über Gott selbst: «Unvorstellbar, dass Gott durch sie [die Predigt] gesprochen haben könnte – es sei denn, auch er wäre ähnlich schwach, ähnlich hilflos wie die gehaltene Predigt.»[8] Für die Annahme einer solchen Hilflosigkeit Gottes gibt die Gegenwart der Kriegsjahre reichlich Anlass. Marti verweist dann aber ausführlich auf Ereignisse, die die Niederlage des Dritten Reichs ankündigen und setzt einen Kontrapunkt: «Wie, wenn Gott doch nicht immer nur hilflos untätiger Zuschauer menschlicher und geschichtlicher Katastrophen wäre?»[9] Marti gibt keine Antwort, sieht aber darin, sich zumindest klarer zu werden über die Eigenschaften Gottes, einen Grund für seine Hinwendung zur Theologie: «War Gott in der Menschwelt nicht und vor allem auf noch ganz andere Weise(n) am Werk? Was bedeutet in diesem Zusammenhang die Passion des Nazareners? Fragen, Fragen.»[10]

Während diese erste Szene auf das theologische Kernproblem des christlichen Gottesverständnisses zielt, betrifft die zweite eine Grundbedingung des engeren gottesdienstlichen Kontexts: die Gegenwart einer Gemeinde. In der nachpropädeutischen Phase des Studiums – es war Kriegszeit – hat auch Kurt Marti Predigtvertretungen zu übernehmen, nun offiziell. Er nimmt dieses Amt aber unverändert nur mit grossen Skrupeln wahr: «Der Student [...], nie zufrieden mit dem, was er zu sagen vermochte, wunderte sich manchmal, dass die Zuhörer brav in den Kirchenbänken sitzen blieben, dass niemand unwillig hinausging. [...] War er überhaupt zum Prediger berufen?»[11] So muss ein Missgeschick denn die Frage aufwerfen, ob es sich bei diesem allenfalls um einen «göttliche[n] Wink» handelt: Auf dem Weg zu einer Gottesdienstvertretung verliert einer der Reifen seines Fahrrads unverhofft Luft. Der Prediger muss den Weg, der bergauf führt, zu Fuss gehen und kommt, während die Glocken beharrlich läuten, zehn Minuten zu spät «schweissnass und atemlos» in der Kirche an. Doch die Gemeinde – vier Frauen und ein Mann, dazu der Sigrist und der Organist – hat gewartet. Sie lauschen den Worten und bemühen sich «rührend», die Lieder gut mitzusingen. Im Rückblick wird Marti die Komik der Szene bewusst, aber auch ihr tiefer theologischer

Sinn: «Die Kirche als ein Grüppchen treu und geduldig harrender, ausharrender Menschen. Die Kirche als Wunder.»[12]

III.

Die Wechselwirkungen zwischen Predigt und Gemeinde, die sich in diesen Szenen andeuten, sind einer der Gesichtspunkte, die Marti in seinen Stellungnahmen zur Homiletik besonders beschäftigen. Dieses Interesse verbindet sich unmittelbar mit der generellen und hohen Forderung einer theologischen Zeitgenossenschaft. Marti liegt alles an einer christlichen Praxis, die der *gegenwärtigen* Welt entspricht, nicht einer gestrigen. Denn nur diese zeitgemässe Praxis hält er für zukunftsfähig. Wie etwa das Vorwort zu seinen Predigten zum 1. Johannesbrief zeigt, nimmt Marti die Forderung, zeitgemäss zu predigen, zunächst auch darin ernst, dass er sie als solche genauer entfaltet:

> «Ist die traditionelle Predigt noch zeitgemäss, hat sie noch Zukunft? Was heisst aber ‹zeitgemäss›, was ‹Zukunft›? Wichtiger wäre die Frage: Entspricht die Art, wie die Kirchgemeinden die üblichen Sonntagsgottesdienste durchführen [...], dem Geist des Evangeliums? Kann man behaupten: So und nicht anders will sich das Evangelium *heute* Gehör verschaffen? Ich habe meine Zweifel. Vermutlich spiegeln unsere Gottesdienst- und Predigtgebräuche soziokulturelle Verhältnisse, die immer mehr abbröckeln. Deswegen entwickeln engagierte und ökumenische Gruppen andere, reichere, weil brüderlichere/schwesterliche Gottesdienstformen.»[13]

Marti nennt seine Predigten in der Folge denn auch ausdrücklich «traditionell»[14]. Das scheint zugleich zutreffend wie unzutreffend zu sein. Zutreffend ist es, insofern die Predigten tatsächlich das klassische Format realisieren und textnahe Auslegungen bieten, und gerade nicht – was man vom ‹Dichterpfarrer› doch erwarten könnte und was effektiv auch erwartet wurde – narrative Predigten sind, die die biblischen Stoffe auslegen, indem sie sie nach- und weitererzählen. Und es sind auch keine lyrischen Experimente, die eine theopoetische Weiterentwicklung der Predigtform wagen. Irreführend ist die Rede von «traditionellen Predigten» aber trotzdem, und zwar insofern, als sie den eigentlich revolutionären Geist herunterspielen, der Martis Texte befeuert. Diese kritisch-evangelische Energie richtet sich konsequenterweise nicht nur auf die Inhalte; sie betrifft auch das Medium der Predigt selbst, oder genauer: die Zentralstellung des monologisierenden Predigers. Marti platziert solche kirchen- wie selbstkritischen Erörterungen einerseits in Vorreden oder Essays, aber auch in den Predigten selbst. Am ausdrücklichsten geschieht dies vielleicht in seiner Auslegung einer Stelle aus dem Markusevangelium – dem «Scherflein der Witwe» (Mk 12,38–44) –, die sich auch im vorliegenden Band findet:

> «Ich bin Schriftgelehrter. Ich führe den Vorsitz hier in der Kirche. [...] Ich allein rede und rede einen ganzen Gottesdienst lang. Und erst noch von erhöhter Kanzel herab. Das ist gefährlich für mich. [...] Es hinterlässt Spuren im Charakter, wenn man es jahraus, jahrein so macht. Sie müssen sich deshalb nicht wundern, wenn wir Pfarrer mit der Zeit manchmal eigensinnig, autoritär, rechthaberisch und damit ein wenig wunderlich und oft auch schuldig werden. Wir führen nicht ungestraft ein Leben lang den Vorsitz in den Kirchen, auch dann nicht, wenn wir diesen Zustand nicht besonders lieben. [...] Wir sind noch nicht so weit, dass unser Gottesdienst eine neue Gestalt nach synagogalem und urchristlichem Modell annehmen könnte. Darum stehen wir Pfarrer gezwungenermaßen in der ständigen Gefahr, von der Jesus hier spricht [‹Hütet Euch vor den Schriftgelehrten›].»[15]

Martis Glaubwürdigkeit und sein Erfolg als Prediger dürften sich nicht zuletzt solchen Erwägungen verdankt haben. In Passagen dieser Art macht er unmissverständlich klar, dass er sein Tun nicht für eine Selbstverständlichkeit hält, dass er nicht mit Sicherheit weiss, wie die Aufgabe, dem «Evangelium *heute* Gehör zu verschaffen», zu bewältigen ist und deshalb auch in der Predigt selbst offen über Reformbedarf und Reformmöglichkeiten nachdenkt. In einem Aufsatz zum Amt des Gemeindepfarrers hat er seine eigene Position denn auch prägnant unter dem Begriff der «Guerillataktik» entfaltet. Um diese Taktik anzuwenden, dürfe sich der Pfarrer, obwohl «innerhalb des bestehenden Systems», «nicht als eine Art Lobbyist der institutionellen Kirche verstehen»: «Sein Auftrag ist vielmehr, sich selbst und seine Mitmenschen zur Ehrlichkeit zu befreien. Warum soll ein Pfarrer zum Bespiel nicht Menschen, die nur noch aus konventionellen Gründen zur Kirche gehören, zum Austritt aus der Kirche ermuntern und ihnen dazu ein gutes Gewissen machen?»[16]

IV.

Predigten haben ihren natürlichen Ort im Zusammenhang des Gottesdiensts. Lesepredigten, wie denjenigen dieses Bands, fehlt daher der Kontext der ursprünglichen Redesituation. Da Marti sehr bewusst für die Gemeinde gepredigt hat, verwundert es nicht, dass er in den einleitenden Bemerkungen zu seinen Predigtbänden wiederholt auch diesen Punkt anspricht: «Zunächst sind Predigt tatsächlich nicht Literatur, sondern Oratur.»[17] Er verweist ausdrücklich darauf, dass die publizierten Texte, «*keine* stenografischen oder Tonband-Nachschriften der tatsächlich gehaltenen Predigten» seien. Ihnen fehlten also «all jene spontanen Einfälle, Einschübe, Abschweifungen, wie sie sich glücklicherweise immer wieder einstellen, inspiriert durch die Präsenz der Gemeinde»[18].

Diese Gemeinde waren faktisch mehrere Gemeinden, da Marti seine Predigten zumindest während seiner langen Amtszeit an der Berner Nydeggkirche (1961 bis 1983) nicht nur dort, sondern ein- oder zweimal auch in Filialgottesdiensten gehalten hat. Diese Praxis des wiederholten Vortrags muss ausdrücklich betont werden, da sie mit einem orts- bzw. sprachspezifischen Umstand einhergeht: Während Marti in der Nydeggkirche in Hochsprache predigte, erfolgten die Predigten in den Aussenquartieren oder in der Psychiatrischen Klinik Waldau im Dialekt. Nun ist hier nicht der Ort, um Martis intensive Beschäftigung mit dem Nebeneinander von Dialekt und Hochsprache im Detail zu schildern. Sie muss aber wenigstens gestreift werden, weil seine Erwägungen zur Predigtpraxis in der spezifisch deutschschweizerischen Diglossiesituation wiederum mit seiner Auffassung des Predigens an sich zu tun haben.

In seinem *Reformatio*-Essay zur Sache – *Gottesdienst und Mundart* (1977) – hält er fest, er entspreche bewusst nicht dem Wunsch mancher Gemeindeglieder, auch in der Hauptkirche im Dialekt zu predigen. Denn: «Hier [...] ist jeden Sonntag mit Besuchern zu rechnen, die Berndeutsch nicht verstehen würden. Deshalb wäre der Gebrauch der Mundart rücksichtslos, antiökumenisch.»[19] Doch das Problem erschöpft sich nicht in der Vermeidung dieses Typs von Unverständlichkeit, die leicht zu leisten ist. Denn auch in den Dialekt-Gottesdiensten führt die Hochsprache zu einer bestimmten und weniger leicht lösbaren Schwierigkeit. Sie besteht darin, dass die liturgischen Texte nun einmal in der Hochsprache formuliert sind. Wenn man erwartet, Marti fordere liturgische Formulare im Dialekt, so täuscht man sich. Sein Argument ist komplexer:

> «Warum, so frage ich mich, orientieren sich unsere Liturgieformulare an einer gewiss ehrwürdigen Tradition, die aber auf die gesprochene Sprache der Leute keine Rücksicht nimmt? Ich würde noch nicht einmal erwarten, dass uns liturgische Mundarttexte vorgelegt werden. Das ist bei der Vielfalt der Dialekte in der deutschen Schweiz schwierig, würde wohl auch eine Abkehr von den Bemühungen um eine gemeinsame Liturgie der deutschschweizerischen Kirchen bedeuten müssen. [...] Wichtiger als liturgische Mundartformulare wäre die Bemühung, hochdeutsche Texte so zu formulieren, dass sie möglichst leicht in Mundart übersetzbar sind. Ein Satz wie der folgende etwa (aus einem älteren Kirchenbuch) ist für mich ins Berndeutsche nicht übersetzbar: ‹Du hast uns durch dein teures Blut erlöst, damit wir nicht unser eigen, sondern dein seien.› Das stammt aus einer Abendmahlsliturgie, und wahr-

scheinlich ist dieser Satz ehrwürdig, biblisch korrekt, aber nicht einmal heutiges Hochdeutsch, sondern alte biblische Bildungssprache [...]. Warum könnte man nicht formulieren: ‹Du hast uns durch dein Opfer erlöst, damit wir nicht mehr uns selber, sondern dir gehören›? Das wäre ohne Mühe in Mundart übersetzbar.»[20]

Marti kommentiert ausführlich verschiedene Übersetzungsprobleme anhand einer damals aktuellen Publikation der Liturgiekommission und schliesst seinen Essay mit einem schwerwiegenden Verdacht:

«Noch immer, so erlaube ich mir zu sagen, verrät sich in der liturgischen Sprache Praxisferne, damit auch Basisferne. Das ist die Sprache einer petrifizierten Bibel- und Kirchentradition, nicht die Sprache heutiger Menschen. Die Art, wie an heute gesprochener Umgangssprache vorbeiformuliert wird, ist dafür nicht das einzige, wohl aber ein signifikantes Symptom. [...] Neutestamentlich gesprochen: Die liturgische Sprache ist Sprache der Schriftgelehrten, nicht Sprache Jesu. Sie orientiert sich an der Liturgiegeschichte, nicht an der Gegenwart des Volkes Gottes, dabei heisst Liturgie ursprünglich doch ‹Dienst am Volk›!»[21]

Martis Verdacht zeigt, mit anderen Worten, dass seine Forderung nach einer Verkündigungspraxis, die mit der Gegenwart auf Augenhöhe ist, vor allem die Gegenwarts*sprache* ernst nehmen muss. Die Alltagssprache – in Bern also: das Berndeutsche – wird zu einer Referenzgrösse, die Kritik an der theologischen Sprache erlaubt. Dabei ist Marti bekanntlich nicht bei der Kritik stehen geblieben; vielmehr hat er in unzähligen Texten gezeigt, wie eine gegenwartssensible theologische Sprache konkret klingen kann. Die erstaunliche ‹Haltbarkeit› seines *nachapostolischen bekenntnisses* (1980) oder auch seiner Kirchenlieder sind dafür nur besonders markante Beispiele.

V.

Die evangelische Predigt ist im Kern Textauslegung. Sie lebt davon, dass sie sich an einem biblischen Text orientiert, den sie in dieser oder anderer Weise als Wort Gottes auslegt. Diese Grundstruktur führt dazu, dass der Bibeltext in der Regel als ‹gegeben› erscheint – und sei es nur im schlichten Sinn seiner Präsentation. Lesepredigten bieten üblicherweise erst den biblischen Bezugstext, auf ihn folgt der Predigttext, der diesen auslegt. Kurt Marti belässt es, wie einige Texte unserer Auswahl zeigen, gerade nicht strikt bei dieser Opposition. Sein sprachkritischer Impuls wirkt auch und gerade hier: Er präsentiert den biblischen Text in einer Weise, die zeigt, dass bereits dessen *Wortlaut* Gegenstand der Auslegung ist. Dass Martis Predigtarbeit vor dem fixierten Wortlaut beginnt, belegen zwei Sachverhalte: Einerseits verlässt er sich nicht auf eine bestimmte Übersetzung – etwa die der Zürcher Bibel –, die damit zur autoritativen Quelle wird; er geht von verschiedenen Übersetzungen aus, und schliesst sich im einen Fall diesem Wortlaut, in jenem Fall einem anderen Wortlaut an oder variiert die jeweils vorgeschlagenen Übersetzungen. Andererseits eröffnet Marti in einigen Predigten *innerhalb* des biblischen Texts ‹Fenster›, die alternative Übersetzungs- und dadurch immer auch Auslegungsmöglichkeiten andeuten oder auch Sachwissen einspielen. So setzt er etwa im einleitenden Zitat der ersten Schöpfungserzählungen (Gen 1,1–5) nach dem Wort «Gotteswind» eine Klammer und trägt Klaus Westermanns Übersetzung ein: «Gottessturm». Ob Wind oder Sturm, für Marti eine Differenz, die wichtig genug ist, um sie seinen Zuhörerinnen und Zuhörern schon *im Schriftzitat* mitzugeben. Nicht anders sollen sie auch sofort wissen, dass die «zwei Heller» der Witwe umgerechnet rund «ein[em] Rappen»[22] entsprechen.

Dieser Wille, sich dem Text ebenso auszusetzen wie diesen der eigenen Lektüre, ist denn auch in den Auslegungen mit Händen zu greifen. Marti ist ein Prediger, der sich nicht auf Allgemeinplätze zurückzieht, sondern Position bezieht – auch da, wo er mit dem Text hadert: «Immer wieder diese Wundertaten Jesu! Ich gebe zu, dass sie mir Schwierigkeiten machen», so beginnt seine Auslegung von Markus 7,31–37, der Heilung des Taubstummen. Marti fragt sich ganz direkt, wie er die wundersame Heilung als Zeuge wohl wahrgenommen hätte. Seine Antwort: mit Skepsis. Und Marti mutet dem Text entsprechend auch Erzählkritik zu, wenn er fragt: «Woher wusste man eigentlich, dass Jesus dem Mann die Finger in seine Ohren stiess und ihm die Zunge mit Speichel netzte? Wenn er ihn wirklich beiseite nahm, konnte doch wohl niemand so genau sehen, wie die Heilung vor sich ging.»[23] Und warum diese komplizierte Prozedur, wenn andere Heilungen durch das blosse Auflegen der Hände erfolgen? Marti lässt den Text damit etwas unerledigt hinter sich und schärft als entscheidend ein: Im Zeichen von Jesu Tod und Auferweckung bricht das «Neue» an, «die Herrschaft Gottes, die Heil *und* Heilung im umfassendsten Sinne bringt»[24]. Das belegt beispielhaft die Charakteristik seiner Gottesbefragungen, die er im Vorwort zu den Predigten zum 1. Johannesbrief selbst pointiert formuliert hat: Seine Predigten seien «keine homiletischen Musterbeispiele [...], vielmehr Fragmente, Bruchstücke einer Konfession, eines Glaubens, der unter ständiger Irritation sich selber zu finden versucht»[25].

VI.

Vor der Beschäftigung mit den Übersetzungs-, Auslegungs- und Aneignungsmöglichkeiten steht freilich die Entscheidung für einen bestimmten biblischen Text. Diese Entscheidungen hat Kurt Marti in vielen Fällen ausdrücklich gemacht, nicht zuletzt bei den publizierten Predigtzyklen. Dabei sind die Hinweise zu seinen Vorlieben für den 1. Johannesbrief – der ja nicht zu den einschlägigen Briefen gehört – wiederum für sein Theologieverständnis und sein Gottesverständnis im Besonderen charakteristisch. Auf den Hinweis, dass der 1. Johannesbrief bekanntlich den «johanneischen Kronsatz» «Gott ist Liebe» umfasse (1Joh 4,8), folgt sogleich der kirchenkritische Hinweis, dass die «offiziellen Lehrmeinungen» hier einiges verdrängt hätten:

«Dem Gott, der Liebe ist, wurde die patriarchalische Vorstellung eines Macht- und Herrschafts-Gottes fast immer und fast überall vorgezogen, z. T. weil durch sie weltliche Herrschaftsstrukturen religiös legitimiert werden konnten. Mit dem Satz ‹Gott ist Liebe› kann eben keine Herrschaftshierarchie, kein Machtstruktur [...] abgesegnet und gerechtfertigt werden. Gerade dies macht heute, da die anderen Gottesvorstellungen für immer mehr Menschen immer weniger glaubwürdig werden, die Anziehungskraft des johanneischen Satzes aus und macht neugierig auf den Brief, in welchem er sich findet.»[26]

Die Frage der Auswahl stellte sich aber auch beim vorliegenden Band. Abgesehen von der Entscheidung, nebst publizierten Predigten auch Nachlassmaterial zu präsentieren, gaben vor allem drei Gesichtspunkte den Ausschlag: Einerseits sollte der Querschnitt durch das Predigtwerk zugleich einen Querschnitt durch den biblischen Kanon bilden. Andererseits sollten Martis Predigtzyklen jeweils durch mehrere Texte zur Geltung kommen und damit zur Lektüre der betreffenden Bände einladen. Schliesslich haben wir uns bei der Auswahl auch an Kurt Martis eigenen Präferenzen orientiert: Der Band umfasst einige Predigten, die er durch deren separate Publikation selbst ausgezeichnet hat.

Marti hält in seinen Essay zu Predigt und Gedicht prägnant fest: «Der Text wirbt um den Prediger, der Prediger wirbt um den Text.»[27] Wir hoffen, die vorliegende Auswahl zeigt, dass der Text in seinem Fall erfolgreich um den Prediger geworben hat, und der Prediger nicht weniger erfolgreich um den Text.

---

1   Vgl.: *Das Markus-Evangelium, ausgelegt für die Gemeinde*, Basel: Reinhardt 1967 (Neuausgabe: Zürich: Jordan 1985); *Das Aufgebot zum Frieden. Biblische Perspektiven*, Basel: Reinhardt 1969; *Bundesgenosse Gott. Versuche zu 2. Mose 1–14*, Basel: Reinhardt 1972 (Neuausgabe: Zürich:

Jordan, 1992); *Gottesbefragung. Der 1. Johannesbrief heute*, Stuttgart: Radius-Verlag 1982 (2. Aufl. 1982; 3. Aufl. 1982); *Schöpfungsglaube. Die Ökologie Gottes*, Stuttgart: Radius-Verlag 1983 (2. Aufl. 1985; Neuausgabe: Freiburg i/B: Herder 1993; 3. Auflage: Stuttgart: Radius-Verlag 2008).
2 Leider sind einige der Texte nicht oder nur näherungsweise datierbar.
3 Marti, *Schöpfungsglaube*, Vorwort, 7–13, 13.
4 Für die neuere Forschung vgl.: Pierre Bühler/Andreas Mauz (Hg.): *Grenzverkehr. Beiträge zum Werk Kurt Martis*, Göttingen: Wallstein 2016.
5 Kurt Marti, *Wie entsteht eine Predigt? Wie entsteht ein Gedicht?* Zuerst in: Rudolf Bohren/Max Giger (Hg.), *Wort und Gemeinde. Probleme und Aufgaben der praktischen Theologie. Eduard Thurneysen zum 80. Geburtstag*, Zürich 1968, 183–198. In diesem Band: 177–195, 182.
6 Kurt Marti, *Ein Topf voll Zeit. 1928–1948*, Zürich 2008, 121.
7 A.a.O., 122.
8 Ebd.
9 Ebd.
10 A.a.O., 123.
11 A.a.O., 154.
12 Ebd.
13 Marti, *Gottesbefragung*, Vorwort, 7.
14 Ebd.
15 *Schreckbild und Vorbild (Mk 12,38–44)*, in diesem Band 102–107, 103.
16 Kurt Marti, *Guerillataktik und Parteilichkeit: Überlegungen eines Gemeindepfarrers*, in: Monatsschrift für Pastoraltheologie zur Vertiefung des gesamten pfarramtlichen Wirkens 58 (1969), 362–369, 366f.
17 *Gottesbefragung*, Vorwort, 8.
18 Ebd. Man vergleich auch Martis Hinweis auf die basisgemeindlichen «Predigtgespräche» im Anschluss an den Gottesdienst im Vorwort zu *Das Aufgebot zum Frieden*, 7f.
19 Kurt Marti, *Notizen und Details. 1964–2007. Beiträge aus der Zeitschrift «Reformatio»*, Zürich ³2010, 587–591, 587.
20 A.a.O., 588.
21 A.a.O., 590.
22 *Schreckbild und Vorbild*, 102.
23 *Der alles gut macht (Mk 7,31–37)*. In diesem Band, 79–84, 81.
24 A.a.O., 83.
25 *Gottesbefragung*, Vorwort, 11.
26 A.a.O., 9.
27 *Wie entsteht eine Predigt? Wie entsteht ein Gedicht?*, 181.

Editorische Hinweise und Dank

Die Auswahl der Predigten erfolgte durch die Herausgeber. Ihre Anordnung entspricht dem Kanon der biblischen Schriften. Der Wortlaut der Predigten folgt dem der veröffentlichten Texte bzw. dem der nachgelassenen Typoskripte im Schweizerischen Literaturarchiv, Bern. Offensichtliche Fehler wurden stillschweigend korrigiert. Zudem wurden die Texte zur besseren Lesbarkeit zurückhaltend formal vereinheitlicht.

Der Verlag und die Herausgeber danken den Radius-Verlag (Stuttgart) und dem Jordan-Verlag (Zürich) für die Rechte zum Abdruck publizierter Predigten. Der Kurt Marti-Stiftung (Bern) ist zu danken für die Erlaubnis des Erstdrucks von nachgelassenen Predigten. Für die Vermittlung der Nachlasstexte geht ein besonderer Dank an Thomas Marti (Bern), Joy Matter (Bern) und Guy Krneta (Basel). Die Assistierenden und Hilfskräfte am Lehrstuhl von Ralph Kunz haben sich mit grossem Engagement an Recherchen und an der Vorbereitung des Manuskripts beteiligt. Vielen Dank an Stefan Fivian, Stefanie Koch, Benjamin Manig, Martin Scheidegger und Anouk Zürcher!

Die Arbeit der Herausgeber wurde freundlicherweise finanziert durch die Kurt Marti-Stiftung (Bern). Die Drucklegung des Bands wäre nicht möglich gewesen ohne die Unterstützung der folgenden Institutionen: Evangelisch-reformierter Pfarrverein Bern-Jura-Solothurn, Evangelisch-reformierter Pfarrverein Zürich, Römisch-Katholische Zentralkonferenz der Schweiz (RKZ), Herbert Haag Stiftung für Freiheit in der Kirche, Abteilung Homiletik, Liturgik und Kirchentheorie (Prof. David Plüss) der Theologischen Fakultät der Universität Bern, Reformierte Kirchen Bern-Jura-Solothurn und Evangelisch-reformierte Landeskirche des Kantons Zürich.

Schliesslich danken die Herausgeber dem Theologischen Verlag Zürich für sein langjähriges Engagement für das Werk Kurt Martis und das Interesse an unserer Publikationsidee. Besonders zu danken ist Lisa Briner und Bigna Hauser, die das Projekt gefördert und zuverlässig betreut haben.

Andreas Mauz, Ralph Kunz
September 2020

Bibliografie und Drucknachweise

Publizierte Predigtsammlungen

Das Markus-Evangelium, ausgelegt für die Gemeinde. Basel: Friedrich Reinhardt, 1967 (Neuausgabe: Zürich: Jordan-Verlag, 1985).

Das Aufgebot zum Frieden. Biblische Perspektiven. Basel: Friedrich Reinhardt, 1969.

Bundesgenosse Gott. Versuche zu 2. Mose 1–14. Basel: Friedrich Reinhardt, 1972 (Neuausgabe: Zürich: Jordan-Verlag, 1992).

Gottesbefragung. Der 1. Johannesbrief heute. Stuttgart: Radius-Verlag, 1982 (2. Aufl. 1982; 3. Aufl. 1982)

Schöpfungsglaube. Die Ökologie Gottes. Stuttgart: Radius-Verlag, 1983 (2. Aufl. 1985; Neuausgabe: Freiburg i/B: Herder 1993; 3. Auflage: Stuttgart: Radius-Verlag, 2008)

Drucknachweise

Die Erschaffung der Zeit (Erster Schöpfungstag) (1. Mose 1,1–5). Mit Genehmigung des Radius-Verlags entnommen aus: *Schöpfungsglaube*, S. 15–21. © 2008 by Radius-Verlag, Stuttgart.

Menschen und Tiere (Sechster Schöpfungstag, I) (1. Mose 1,24–27). Mit Genehmigung des Radius-Verlags entnommen aus: *Schöpfungsglaube*, S. 57–64. © 2008 by Radius-Verlag, Stuttgart.

Verantwortung, nicht Raubbau (Sechster Schöpfungstag, II) (1. Mose 1,24–27). Mit Genehmigung des Radius-Verlags entnommen aus: *Schöpfungsglaube*, S. 65–72. © 2008 by Radius-Verlag, Stuttgart.

Auch ohne Gott mit Gott (2. Mose 2,1–10). Erschienen in: *Bundesgenosse Gott*, S. 15–18. © Jordan-Verlag, Zürich.

Der Name Gottes (2. Mose 3,11–15). Erschienen in: *Bundesgenosse Gott*, S. 38–51. © Jordan-Verlag, Zürich.

Prophetie und Kirche (2. Mose 4,1–17). Erschienen in: *Bundesgenosse Gott*, S. 59–63. © Jordan-Verlag, Zürich.

Gott geht mit (2. Mose 13,17–14,30). Erschienen in: *Bundesgenosse Gott,* S. 98–107. © Jordan-Verlag, Zürich.

Friede als vielfältige Lebensfülle (1. Könige 5,4.5). Erschienen in: *Das Aufgebot zum Frieden,* S. 33–40. © Kurt Marti-Stiftung, Bern

Meine Augen sehen stets auf den Herrn (Psalm 25,15). Erstpublikation.

Geborgenheit bei Gott (Psalm 91,4/5). Erstpublikation.

Wissen und Schmerz (Prediger 1,18). Erstpublikation.

Solidarität (Markus 1,9–13). Erschienen in: *Das Markus–Evangelium,* S. 14–18. © Jordan-Verlag, Zürich.

Der alles gut macht (Markus 7,31–37). Erschienen in: *Das Markus–Evangelium,* S. 148–152. © Jordan-Verlag, Zürich.

Passion als Aktion (Markus 8,27–33). Erschienen in: *Das Markus-Evangelium,* S. 169–199. © Jordan-Verlag, Zürich.

Wo das Dienen herrscht (Markus 10,35–45). Erschienen in: *Das Markus–Evangelium,* S. 223–227. © Jordan-Verlag, Zürich.

Auferstehung (Markus 12,18–27). Erschienen in: *Das Markus-Evangelium,* S. 265–269. © Jordan-Verlag, Zürich.

Schreckbild und Vorbild (Markus 12,38–44). Erschienen in: *Das Markus-Evangelium,* S. 284–288. © Jordan-Verlag, Zürich.

Eine schöne Tat (Markus 14,1–11). Erschienen in: *Das Markus-Evangelium,* S. 301–305. © Jordan-Verlag, Zürich.

Das Abendmahl (Markus 14,17–25). Erschienen in: *Das Markus-Evangelium,* S. 310–315. © Jordan-Verlag, Zürich.

Einsames Wagnis (Markus 15,42–47). Erschienen in: *Das Markus-Evangelium,* S. 348–351. © Jordan-Verlag, Zürich.

Ein Haus des Brotes (Lukas 2,6). Erstpublikation.

Das ewige Leben (Lukas 10,25). Erstpublikation.

Zwischen Tod und Geburt (Römer 8,19–22). Mit Genehmigung des Radius-Verlags entnommen aus: *Schöpfungsglaube,* S. 91–98. © 2008 by Radius-Verlag, Stuttgart.

Der letzte Feind (1. Korinther 15, 26.28). Erstpublikation.

Ehe (1) (Epheser 5,21–33). Erstpublikation.

Ehe (2) (Epheser 5,21–33). Erstpublikation.

Jesuanisches Lebensprofil (1. Johannes 2,3–6). Mit Genehmigung des Radius-Verlags entnommen aus: *Gottesbefragung*, S. 31–36. © 1982 by Radius-Verlag, Stuttgart.

Das subversive Werk (1. Johannes 3,7–10). Mit Genehmigung des Radius-Verlags entnommen aus: *Gottesbefragung*, S. 81–85. © 1982 by Radius-Verlag, Stuttgart.

Ausserhalb der Liebe kein Heil (1. Johannes 4,7–8). Mit Genehmigung des Radius-Verlags entnommen aus: *Gottesbefragung*, S. 120–124. © 1982 by Radius-Verlag, Stuttgart.

Auferstehungsökologie (1. Johannes 5,11–13). Mit Genehmigung des Radius-Verlags entnommen aus: *Gottesbefragung*, S. 162–166. © 1982 by Radius-Verlag, Stuttgart.

Der Gott, der in allen mächtig werden will (Offenbarung Johannes 21,22). Erschienen in: Marti Kurt: Widerspruch für Gott und Menschen. Aufsätze und Notizen, Heidelberg: Kerle 1982, S. 91–94.

Wie entsteht eine Predigt? Wie entsteht ein Gedicht? Ein Vergleich mit dem Versuch einer Nutzanwendung. Erschienen in: Bohren, Rudolf; Geiger, Max (Hg.), Wort und Gemeinde. Probleme und Aufgaben der praktischen Theologie. Eduard Thurneysen zum 80. Geburtstag, Zürich: EVZ, 1968, S. 183–198. © Kurt Marti-Stiftung, Bern.

Zum 100. Geburtstag von Kurt Marti

2020, 254 Seiten, Paperback
ISBN 978-3-290-18348-6

Kurt Marti

Läuten und eintreten bitte

Ein Lesebuch im Jahreslauf

Herausgegeben von Ralph Kunz
und Andreas Mauz

Mit Kurt Marti durchs Jahr bedeutet: Läuten und eintreten bitte! Eintreten in seine Texte, in den Jahreslauf, ins Kirchenjahr und nicht zuletzt in die Gedanken dieses überraschenden und eigenständigen Theologen. Dem Sprachvirtuosen Marti gelingt es, in seinen Tagebüchern, Kolumnen, Zeitungsartikeln und Gedichten Theologisches leichtfüssig zu fassen – und rissige Wörter zu flicken.

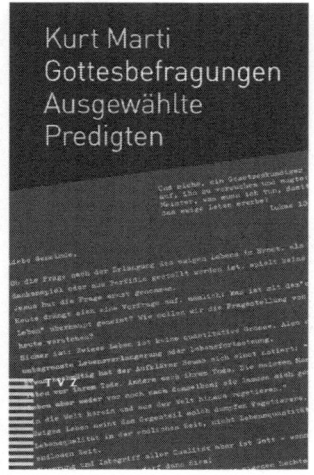

2020, 214 Seiten, Paperback
ISBN 978-3-290-18346-2

Kurt Marti

Gottesbefragungen

Ausgewählte Predigten

Herausgegeben von Andreas Mauz
und Ralph Kunz

Wenn Kurt Marti predigt, tut er das pointiert. Er setzt sich dem Bibeltext aus und übersetzt ihn in die Gegenwart. Der Querschnitt durch Martis Predigtwerk zeigt seine zentralen theologischen Anliegen: die Liebe als das Wesen Gottes, aber auch die irdische Liebe, die Kritik von Machtverhältnissen, der Friede, die Bewahrung der Schöpfung. Martis Texte sind visionär, damals wie heute.

www.tvz-verlag.ch